ORAISON FUNÈBRE

DE

HENRI DE FORBIN D'OPPÈDE

1850

ORAISON FUNÈBRE

DE

HENRI DE FORBIN D'OPPÈDE

PREMIER PRÉSIDENT DU PARLEMENT DE PROVENCE

Prononcée à Lambesc, le 29 Novembre 1671

PAR LE P. PIERRE DAVERDY

De la Compagnie de Jésus

PUBLIÉE AVEC UNE INTRODUCTION ET DES NOTES

PAR L'ABBÉ A.-J. RANCE

Professeur Honoraire de Faculté

Correspondant du Ministère de l'instruction publique

MARSEILLE

IMPRIMERIE MARSEILLAISE

Rue Sainte, 39

[illegible]

Cet ouvrage, tiré à 100 exemplaires, n'est pas vendu.

ORAISON FUNÈBRE

DE

HENRI DE FORBIN D'OPPÈDE

PREMIER PRÉSIDENT DU PARLEMENT DE PROVENCE

Prononcée à Lambesc, le 20 Novembre 1671

PAR LE P. PIERRE DAVERDY

De la Compagnie de Jésus

PUBLIÉE AVEC UNE INTRODUCTION ET DES NOTES

PAR L'ABBÉ A.-J. RANCE

Professeur Honoraire de Faculté

Correspondant du Ministère de l'Instruction publique

MARSEILLE

IMPRIMERIE MARSEILLAISE

Rue Sainte, 39

1889

Ecartelé aux 1er et 4me, de gueules au château ouvert, crénelé et sommé de trois tours d'or, maçonné de sable, qui est de *Castelane.* — Aux 2me et 3me, d'azur, à trois poires d'or tigées et feuillées du même, posées 2 et 1, qui est de *Peruzzi.* — Sur le tout, d'or au chevron d'azur accompagné de trois têtes de léopards de sable lampassées de gueules, qui est de *Forbin*, parti, d'azur à deux chevrons d'argent faillis l'un à dextre et l'autre à sénestre qui est *Maynier d'Oppède.*

LES PORTRAITS DE HENRI D'OPPÈDE

Un auteur contemporain nous a laissé sur le président Henri de Forbin d'Oppède quelques détails, d'autant plus précieux qu'il avait pu les vérifier par lui-même. « Le premier président d'Oppède, dit P. J. de Haitze (1), étoit de moyenne taille, bien proportionnée, aïant le visage rond, l'air riant, le maintien agréable, les manières engageantes et généreuses, toujours prêt à faire plaisir et très chaud ami. Tout cela que l'aspect peut exprimer se remarque et s'admire dans ses portraits que nous avons d'après le fameux Mignard de Rome, par conséquent précieux par les deux endroits qui rendent semblables représentations curieuses et recherchées. »

Voici, d'autre part, ce que rapporte Dominique Guidi, dans son *Histoire du Parlement*, à l'année 1671 :

« L'abondance que la paix avoit procurée au royaume engagea la cour à faire des dépenses considérables, pour

(1) Pierre-Joseph de Haitze, fils de Sauveur de Haitze et de Françoise de Gaufridi, cousine du président J. de Gaufridi, naquit à Cavaillon, le 10 novembre 1656, et mourut à Trets, le 23 février 1737. Il a laissé de nombreux ouvrages historiques sur la Provence, imprimés ou manuscrits. L'année de sa mort, on publia : *Portraits ou éloges historiques des premiers présidens du Parlement de Provence*, à Avignon, chez D. Chastel, 1737, 148 p. in-12. La notice sur Henri d'Oppède est la dix-septième, p. 122-130 ; c'est à elle que nous empruntons les lignes ci-dessus. Par les Gaufridi, de Haitze était allié des d'Oppède.

Le P. Daverdy dit du premier président que « c'estoit un homme merveilleusement bien faict, qui payoit bien de sa mine et de sa personne. » Cfr. les lettres de Mme de Sévigné, 1670-1671.

l'embellissement du palais : elle voulut surtout orner magnifiquement la grand'chambre qui par dessus l'avantage qu'elle a d'estre la première des autres, a encore celuy de rassembler toute la compagnie, lorsqu'il est question de convoquer le corps. Le premier président vouloit profiter de cette occasion, pour se faire voir à toute la postérité dans cette éminente place, car il n'est rien de plus doux que d'estre élevé au-dessus de ses concitoyens et le premier dans sa patrie. Il inspira à Messieurs de se faire peindre de la manière que leurs prédécesseurs avoient fait et comme on les voit dans la chambre dorée. Le 8 mai, le prix fait fut donné à *Fauchier*, habile peintre de cette ville, pour 66 portraits en grand. Il y en avoit déjà quelques-uns de faits, lorsque la mort du premier président empêcha l'exécution de ce projet. On ne sait pour quelle raison au lieu de cette décoration on peignit dans la grande chambre les victoires du Roy (1). »

On lit dans le mss. 955 de la Bibl. d'Aix, Délibérations du Parlement : « Du 8 mai 1671. Messieurs assemblés, a été délibéré qu'Imbert passera contract de prix fait à *Fauchier*, peintre, pour faire les portraits de tous Messieurs les présidents, conseillers et gens du roy en nombre de 66, au prix de 4,500 l. payables le tiers au commencement de la besogne, l'autre tiers au mitan d'icelle et le restant l'ouvrage fini. » La somme était sans doute trop minime, car le 18 janvier 1672, le Parlement autorisa son secrétaire-trésorier, *Jacques Imbert*, à passer un nouveau traité avec Fauchier, pour le prix de six mille livres (2). Malheureusement Laurent Fauchier mourut,

(1) Mss. 905, p. 519. *Dominique de Guidi*, reçu trésorier général de France en Provence, le 26 juin 1646, dans l'office d'Honoré son père, reçu le 2 avril 1631, céda sa charge à Joseph Cameron, en 1673. Il fut nommé conseiller le 20 mai 1670, reçu le 2 juin suivant. Il écrivit l'*Histoire du Parlement*, et mourut en 1680. Le président du Chaine fut son héritier.

(2) « Du 18 janvier 1672. A été délibéré, les chambres consultées, qu'il sera passé contract de prix fait par Imbert à Fauchier, peintre, de l'ouvrage qui reste à faire à la grand'chambre qui consiste aux portraits

le 25 mars 1672, à Aix, et ne put terminer que quelques portraits, une dizaine, si l'on en juge par la somme qui lui fut allouée (1). Le portrait du premier président était du nombre, car lorsque, en 1724, le graveur Jacques Cundier composa sa collection de portraits des premiers présidents dédiée au premier président Cardin Le Bret, il y inséra le portrait de Henri d'Oppède qu'on y peut voir avec cette légende : L. *Fauchier* pinxit ; J. *Cundier*, sculpsit 1724 (2). Il est le 17me de la série.

de tous Messieurs les présidents, conseillers et gens du Roy qui sont à présent titulaires des charges au nombre de 66, lesquels seront dépeints assis en robes rouges, tout d'une rangée en figure comme nature, et au dessus faire une perspective qui remplira le vide qui est entre les portraits et la frise, suivant le dessin qui sera signé, et outre ce faire les portraits en particulier de chacun de Messieurs les titulaires en nombre pareil de 66 : Le tout de sa propre main de bonne et belle peinture à l'huile, moyennant le prix et somme de 6000 l. payables un tiers au commencement de la besogne, un tiers la moitié de la besogne faitte et l'autre tiers l'ouvrage fini et reçu, lequel ouvrage led. Fauchier s'obligera parachever dans deux années comptables du jour de l'acte de prix fait, demeurant le précédent contract de prix fait pris par *Boutard*, notaire, le...... de nul effet et valleur.

« A été aussi arrêté que si quelqu'un de Messieurs dont les portraits seront peints à la grand'chambre viennent à vendre auparavant l'ouvrage fini, celluy qui succedera à sa charge ne pourra point prétendre y être placé, sera néanmoins permis à Mrs qui ont encore leurs pères vivants et vétérans en la compagnie de leur céder leurs places et aud. cas iceux seront peints dans la grand'chambre du cotté de Mrs les présidents à mortier, suivant l'ordre de leur réception. » Mss. 955.

(1) « Du 4 avril 1672. Les chambres consultées, a été délibéré que pour les portraits faits par feu Fauchier, peintre, en conséquence du prix fait a lui donné et toute la besogne et frais qu'il avoit fait, il sera donné à ses heoirs la somme de 950 l., et attendu qu'il avoit reçu 1400 l., lesd. heoirs rendront à Imbert 450 l., lequel faira quittance du tout au nom de la compagnie et faira la cancellation du contract de prix fait. » Mss. 955, Bibl. d'Aix. V. Portraits de Provence, II, 57, le portrait du président *Charles de Régusse*, L. Fauchier, pinxit ; J. Cundier Aquensis, sculpsit, 1672.

(2) Il y eut plusieurs *Cundier*, peintres et graveurs, dès 1664. M. de Saint Vincens a recueilli leurs œuvres dans ses Portraits de Provence, 4 vol. in-fol., à la Bibl. d'Aix. De Haitze composa le texte qui

Nous sommes donc en présence de deux portraits de Henri d'Oppède, l'un par *Fauchier*, l'autre par *Pierre Mignard* dit le Romain (1610-1695). M. de Saint-Vincens affirme d'une façon positive que celui qui était peint par Mignard fut brûlé, sur la place du Palais, le 10 août 1792, par le peuple qui fit un feu de joie des tableaux déposés dans le couvent des Prêcheurs (1). Lorsqu'il fallut, en 1776, abandonner le palais du Parlement qui menaçait ruine, on transporta chez les Dominicains une quantité de tableaux que M. Fauris de Saint-Vincens, le fils, y vit encore. Il le constate dans son *Mémoire sur les monuments, tableaux, statues, etc., les plus remarquables de la ville d'Aix, fait en janvier* 1791. (Mss. 1036, petit in-folio de 159 p.).

« On voit encore, dit-il, dans le grand dortoir des Dominicains les portraits en grand des magistrats qui composaient le parlement en 1620. Ils sont peints par *Finsonius*, de Bruges. M. du Vair, qui avait été fait garde des sceaux en 1616, y est peint en premier président. Sa figure est belle ; toutes ont de l'expression. Les portraits des premiers présidens sont à la suite. Il sont de plusieurs

accompagnait les gravures des premiers présidents, par Jacques Cundier. (Voir à la Bibl. d'Aix le Mss. 963, in-fol. qui contient les gravures et le texte.) Ce fut cet ouvrage qui fut plus tard imprimé sous le titre cité plus haut. Il y a parmi les Portraits de Provence de nombreuses œuvres de Jacques *Coelemans*, remarquables par la finesse du trait. Il y avait à Aix de nombreux amateurs de peinture et chaque famille un peu importante voulait avoir ses portraits. *Jean Daret*, et avant lui, *Louis Finsonius* en peignirent un grand nombre. *Laurent Fauchier*, né à Aix, le 11 mars 1643, s'inspira de Finsonius, et à force de travail il devint un portraitiste éminent. « Ce fut à qui, dit M. Alfred Michiels, aurait la bonne fortune de poser devant lui. Le Parlement occupa son pinceau, comme il avait occupé celui de Finsonius ; les images de quelques présidents, images excellentes détruites pendant la Révolution, étaient dues au talent de Fauchier... C'était lui que Puget, le grand sculpteur, avait chargé d'apprendre à son fils l'art de peindre. » Le duc de Vendôme employa souvent *Fauchier*, en même temps que *Daret*. Finsonius mourut à Arles en 1632, âgé de 52 ans.

(1) Notes et Recherches sur Aix, Bibl. d'Aix, Mss. 1014, p. 1186.

mains : *Finsonius* et *Fauchier* en ont peint plusieurs. Celui du dernier premier président d'*Oppède* est de Mignard. Ils ont été gravés ensuite par Coelmans (et *en marge* : c'est Cundier qui les a gravés non Coellemans), qui les avait tous acquis. M. Aubert, conseiller au siège et Leclerc, avocat, héritiers de Coelmans, en ont fait don au Parlement, en 1776, p. 52-53. »

De Haitze a donné (1) une description du palais du parlement et mentionné les portraits peints par Finsonius, dans la chambre dorée ou de la Tournelle. Il ne dit rien, du moins dans cet ouvrage, des portraits qui devaient orner la grande chambre. Il en décrit la décoration qui consistait en un tableau du passage du Rhin, et diverses peintures ayant toutes du rapport avec la justice. M. de Saint-Vincens, dans un de ses ouvrages manuscrits, *Notes et Recherches sur Aix*, a décrit les tableaux sur lesquels de Haitze ne s'est pas étendu. A ce propos, il dit tout simplement que le portrait de Henri d'Oppède était de Mignard, qu'il fut gravé par *Coelemans* et qu'il en a un exemplaire dans ses portraits provençaux (2). Ce recueil, qui forme quatre énormes volumes in-folio, est aujourd'hui à la Méjanes. On y trouve, en effet, un portrait de Henri d'Oppède, celui dont nous parlions plus haut, L. *Fauchier* pinxit, J. Cundier sculpsit 1724, in-folio. Il n'y en a pas d'autre, et Saint-Vincens s'est trompé vraisemblablement. L'existence d'un portrait de Henri d'Oppède peint par Mignard n'en est pas moins certaine. M. le marquis d'Oppède possède, à son château de La Verdière (Var), un tableau que la tradition de famille attribue à Mignard.

(1) Les Curiositez les plus remarquables de la ville d'Aix par *Pierre-Joseph de Haitze*. A Aix, chés Charles David, imprimeur du Roy, du clergé et de la ville MDCLXXIX, 1 vol. de XIV-196 p. in-12. Le Palais, p. 5-24.

(2) « Coelmans, bon graveur, établi à Aix, les avoit acquis et les avoit tous gravés (les gravures existent dans plusieurs cabinets. Je les ai parmi mes portraits de Provenceaux, ainsi que tous ceux que Coelmans a gravé). » Bibliothèque d'Aix, Mss. 1014, p. 1187.

Nous en donnons une reproduction en tête de ce travail, ce qui nous dispensera d'une description détaillée. D'où vient cette toile ? Nous l'ignorons. Faut-il admettre que Mignard peignit deux fois le premier président, et entendre en ce sens le passage cité plus haut de P.-J. de Haitze, parlant des « portraits que nous avons d'après le fameux Mignard de Rome ? » Le portrait conservé chez les Jacobins d'Aix aurait-il échappé à la destruction et la famille l'aurait-elle racheté ?

A notre avis, le tableau de la Verdière est parfaitement authentique et il est plus que probable que M. de Saint-Vincens a fait doublement erreur. Le portrait de Henri d'Oppède, conservé au Palais, et brûlé en 1792, devait être de Fauchier. S'il y en eût eu un de la main de Mignard, Cundier l'eût certainement préféré pour sa collection, en 1724. A cette date, le portrait peint par Mignard, aux frais du président et non du Parlement, devait être au pouvoir de la famille d'Oppède, comme aujourd'hui. Il est certain qu'il fut peint en 1658, durant un séjour que Mignard fit à Aix et à Avignon (1).

Il n'existe pas, à notre connaissance, de gravures du tableau de Mignard, qui ne figure point parmi les œuvres gravées de ce peintre.

On conservait encore un portrait du président Henri d'Oppède, dans la salle où se réunissaient les Pénitents Blancs de l'Observance, près du couvent des Observantins. Aujourd'hui couvent et chapelle ont disparu : les

(1) La même année, Mignard peignit pour Henri d'Oppède un *tableau d'histoire*, mentionné, avec le portrait, par *Bonnaffé*, Dictionnaire des amateurs français au XVIIe siècle, Paris, Quantin, in-8°, 1884, p. 235 et dans les *Archives de l'Art français*, 1874-1875, p. 132, liste chronologique des ouvrages de P. Mignard, suivie de la liste de ceux qui furent gravés. En 1658, Mignard peignit la marquise de Castellane, plus tard marquise de Ganges, et vers 1660, Louis duc de Vendôme, gouverneur de Provence. Pierre Mignard, cousin du peintre, exerçait la médecine à Aix, au XVIIe siècle.

tableaux des recteurs de la Confrérie des Pénitents (1), qui ornaient cette salle, sont perdus. Ils y étaient encore en 1791, et M. de Saint-Vincens demandait qu'on les conservât (2). On ne l'écouta pas, et comme il ne nous donne plus aucun renseignement sur le sort de ces tableaux, nous avons tout lieu de croire qu'ils ont été détruits.

A qui faut-il attribuer ces tableaux? Nous ne savons, mais le peintre *Jean Daret*, originaire de Bruxelles, était fixé à Aix depuis 1638 (3). Il travailla beaucoup pour le

(1) Henri d'Oppède était recteur des Pénitents, en 1664. Il succédait au duc de Mercœur, plus tard duc et cardinal de Vendôme.

Dans le cours de la période révolutionnaire, le couvent des Observantins et le local occupé par les Pénitents dits de l'Observance, furent vendus comme biens nationaux. Les deux chapelles et les bâtiments qui les entouraient ont été démolis; il en reste à peine quelques pans de murs. Un des tableaux qui ornaient l'église des Observantins, le *Baptême du Christ*, par *François Mimault* (1580-1652), élève de Finsonius, est aujourd'hui à la Madeleine, dans la nef de droite. C'est le seul, croyons-nous, qui ait échappé à la destruction. Nous pensons, en effet, que ce tableau, daté de 1625, est bien celui que M. de Saint-Vincens, mss. 1036, p. 29, désigne en ces termes : « Dans une des chapelles (de l'église des Observantins) qui est derrière l'autel et qui appartient à la famille de Gaillard, est un tableau de Mimault, bon peintre d'Aix. » (V. la notice sur François Mimault, par M. Mireur, 16 p. in-8°, 1877).

Nous ne sachons pas que le portrait de Henri de Forbin, conservé jadis à l'Observance, ait jamais été gravé.

(2) « Pénitents de l'Observance. Dans une des salles de la maison des pénitents il y a des tableaux qui doivent être conservés. On y voit les portraits des trois comtes de Tende, gouverneurs de la province, dont le premier, René de Tende, frère naturel de la mère de François Ier, mourut à côté de ce prince à la bataille de Pavie, et le dernier refusa de faire exécuter la Saint-Barthélemy en Provence; le portrait de Henri d'Angoulême, fils naturel d'Henri II, gouverneur de Provence, tué à Aix par Altoviti, le 6 juin 1586; le portrait de Jean Mainier, baron d'Oppède, premier président, exécuteur de l'expédition de Cabrières et de Mérindol; du duc de Mercœur, fils de César de Vendôme, gouverneur de Provence, père du maréchal de Vendôme, fait cardinal en 1667, mort à Aix en 1669; (le cœur de ce prince est dans le sanctuaire de la chapelle de ces Pénitents); le portrait d'Henry Forbin d'Oppède, premier président, mort en 1671. » Mss. 1036, p. 27-28.

(3) Jean Daret mourut le 2 octobre et fut enterré le 3 octobre 1668, à Saint-Sauveur. Il était âgé d'environ 55 ans, porte l'acte d'inhuma-

duc de Vendôme, pour plusieurs membres du Parlement et au moment où il mourut, 2 octobre 1668, il achevait de décorer le plafond de la chapelle des Pénitents de l'Observance. Il ne serait pas trop invraisemblable de lui attribuer les portraits du duc de Vendôme et du président d'Oppède, tous les deux recteurs des Pénitents en question. Mais il y a à cette attribution une difficulté énorme. C'est que de Haitze, qui a décrit en détail les ornements de la chapelle des Pénitents Blancs (1) et les peintures de Daret, n'en parle pas. Il faut donc admettre que ces portraits sont d'une autre main, probablement d'un peintre aujourd'hui oublié.

Lorsque, en 1792, des commissaires de la municipalité dressèrent l'inventaire des biens, meubles et immeubles des couvents d'Aix, ils mentionnèrent les tableaux de l'Observance, en globe, sans désigner quels personnages ils représentaient (2). Depuis lors, ces divers objets furent dispersés et la plupart perdus sans retour.

tion. V. *L'art flamand dans l'Est et le Midi de la France*, par *Alfred Michiels*, Paris, in-8°, 1877 et en particulier le chapitre dix-sept, p. 453-491, qui donne d'intéressants détails sur *Finsonius, Daret* et *Fauchier*, les peintres en titre du Parlement d'Aix, au XVIIme siècle. Cfr. les Notices sur Daret et Fauchier par M. *Porte*; les Rues d'Aix, passim; *Ph. de Chennevières-Pointel ;* Recherches sur la vie et les ouvrages de quelques peintres provinciaux, Paris, 1847, t. I, passim.

(1) Les Curiositez de la ville d'Aix, p. 81-103.

(2) V. le procès-verbal dressé le 11 octobre 1792, par les commissaires nommés par le conseil général de la commune d'Aix. Ils procédèrent à « l'inventaire des effets, meubles et ustensiles appartenant auparavant à la Confrairie des Pénitens blancs dits de l'Observance, » en présence du sieur *Dubois*, sacristain et autres. Ils indiquent dix-sept tableaux à l'église des Pénitents, six dans l'anti-chapelle, dix et un lutrin au chœur, enfin dix-sept portraits « dans la salle de l'assemblée. » Tous ces tableaux furent sans doute réunis dans les bâtiments du collège Bourbon, où l'on entassa les objets provenant des chapelles et églises supprimées, mais nous n'avons aucune donnée positive sur leur sort. Cfr. les liasses de pièces relatives aux biens du clergé conservées aux Archives de la ville d'Aix.

INTRODUCTION

Notre intention n'est pas de retracer en détail la vie de M. *Henri de Forbin de Maynier d'Oppède*, premier président au parlement de Provence. Il fut mêlé à tous les événements importants qui se produisirent en Provence, durant la période si agitée de la Fronde, sous le ministère du cardinal Mazarin, et jusqu'à sa mort, arrivée en 1671, il conserva une autorité prépondérante sur les affaires. Il fut l'agent actif et intelligent de Mazarin, puis de Colbert. Premier président, intendant de police et des finances, intendant de marine par intérim, commandant pour le roi en l'absence du gouverneur, il étendit sa sollicitude à toutes les branches de l'administration. Les nombreuses lettres que l'on conserve de lui, dans les Archives et dans les dépôts publics de Paris et de la Province, témoignent de son activité et de son dévouement au bien public. Si l'on y joint les lettres qui lui furent adressées, et qui sont fort nombreuses également, on aura tous les éléments d'une biographie du plus haut intérêt. Qu'il ait eu des ennemis et que sa conduite ait provoqué des critiques, dans un pays très opposé à la centralisation entreprise par Louis XIV et qu'il favorisa de toutes ses forces, cela ne saurait surprendre.

Nous ne nous proposons ni de le défendre ni de lui faire son procès : il faudrait pour cela entrer dans de trop longs développements. Il nous suffira de donner quelques détails historiques sur Henri d'Oppède et sa famille, d'indiquer les diverses phases de sa carrière, enfin de raconter les honneurs qui lui furent rendus après sa mort.

I

NAISSANCE DE HENRI D'OPPÈDE, SA FAMILLE, SES ANCÊTRES : LES MAYNIER ET LES FORBIN.

Henri de Forbin Maynier naquit à Aix, dans l'hôtel d'Oppède (1), en 1620 — et fut baptisé à l'église de Saint-Sauveur. Voici son acte de baptême :

(1) L'Hôtel d'Oppède, actuellement occupé par l'Académie, au coin de la place de l'Université, date du XVIIe siècle ; il a remplacé l'ancien hôtel du même nom, bâti sur le même emplacement. Là se trouvait autrefois une maison qui servait de pied-à-terre aux archevêques d'Aix lorsqu'ils venaient officier à Saint-Sauveur, de leur palais de Notre-Dame de la Seds. Vers 1338, l'archevêque *Armand de Barchesio* l'échangea avec le prévôt du chapitre contre un emplacement près de la sacristie de la cathédrale, où il jeta les fondements de l'Archevêché actuel. Vers 1490, *Accurse de Maynier*, juge mage de Provence, acheta cette maison au prévôt, il la fit réparer, et jusque vers 1730 elle appartint aux Maynier, puis aux Forbin. En 1554, Jean de Maynier fit graver sur la porte de son hôtel sa fière devise : *Veritas omnia vincit*. Le P. H. Moulin, dont nous aurons occasion de parler, la cite dans son recueil d'inscriptions (Bibl. d'Aix, mss. 1014). Jean de Maynier, au rapport de P.-J. de Haitze, aurait fait entièrement reconstruire cet hôtel. « Ce fut là, dit-il, le monument qu'il dressa de sa victoire. » (Bibl. d'Aix, mss. 1015, pièce 2, p. 115). Il passa plus tard à Jean de Forbin, premier consul d'Aix, en 1590-91 — 1597-98, héritier des Maynier. Mazarin y logea en 1660. L'Hôtel d'Oppède fut vendu, vers 1730, aux Thomassin, puis vers 1781 à M. d'Estienne Gaufridi du Bourguet, baron de Saint-Estève. Après la Révolution, les Religieuses du Sacré-Cœur y établirent leur pensionnat, puis la ville l'acheta pour y installer l'Académie, avec les Facultés de Théologie et des Lettres. C'est une construction fort soignée et d'un aspect monumental. Nous ignorons la date précise de sa construction. L'écusson des Maynier portant la devise ci-dessus fut enlevée probablement par les Thomassin. M. le marquis d'Oppède l'a racheté, il y a un certain temps, chez un marchand d'anti-

2

« *Henry* fils à Mre *Vincens-Anne de Meinier Forbin*, seigneur et baron d'Oppède, président en la cour, et à *Aymare de Castelane*, a esté baptisé le 2 de mars, et les cérémonies faictes le 25 avril 1620. Le parrin, Mre *Henry* de *Castelane* sieur d'Ampus, la marrine de *Castelane*, baronne de la Garde. V. *Jaulet*, curé (1). »

Vincens-Anne de Forbin Maynier, baron d'Oppède, était alors président à mortier au parlement, depuis le 19 novembre 1615. L'année suivante, des lettres patentes du roi, en date du 14 février 1621, le nommèrent premier président, et ces lettres furent vérifiées le 30 mars de la même année. Il avait été primicier de l'Université en 1603, et, le 15 avril 1604, il avait obtenu une charge de conseiller au parlement.

Du côté paternel, *Vincens-Anne de Forbin Maynier* descendait d'un frère du grand *Palamède*. Du côté maternel, il était petit-fils des *Maynier*, dont il portait le nom et les armes.

En effet, son père était *Jean de Forbin*, seigneur de La Fare, qui avait épousé,par contrat du 27 mai 1578, *Claire de Pérussis*, fille de *François de Pérussis*, baron de Lauris, second président au parlement de Provence, et de dame *Anne de Maynier*, fille de *Jean de Maynier*, baron d'Oppède.

François de Lauris avait épousé *Anne de Maynier*, héritière du nom et des biens des Maynier, avec obligation de porter leur nom et leurs armes. Son fils *Claude*

quités d'Aix. La maison a subi plusieurs fois des remaniements. Le livre de Raison de Henri d'Oppède porte, à l'année 1653 : « J'ay fait une réparation dans ma maison d'Aix à une salle basse, estude et cabinet y joignant, prenant jour sur le jardin, et en une cuisine et office prenant jour sur le jardin et rue Saint-Joachim, qui vient pour les gipiers à 469 l. 14, et au masson 24 l. et au charpentier 100 l. »

(1) Registres paroissiaux de Saint-Sauveur d'Aix, de 1601 à 1621 aux Archives du greffe du Tribunal civil d'Aix.

mourut sans être marié et une de ses filles, *Claire*, épousa *Jean de Forbin*. Elle fut substituée aux biens, nom et armes de *Maynier*, son grand-père, en se fondant sur les lettres pontificales données, en 1356, à *Pierre de Maynier*, qui autorisaient semblable transmission. *Jean de Forbin* prit donc le titre de baron d'Oppède, avec le nom de *Maynier*, dont il porta les armes accolées aux siennes, et fut la tige des *Forbin Maynier d'Oppède*. Ainsi se trouvèrent réunies sur une même tête les illustrations des deux grandes familles.

II

La famille des Maynier reconnaît pour son auteur *Sylvestre de Maynier*, de la ville de Manosque, chevalier, qui prit la croix en 1130 et accompagna en Terre-Sainte Guillaume II, comte de Forcalquier.

Jacques, *Pierre* et *François* de Maynier furent officiers du palais, sous le pontificat du pape *Jean XXII*. Ils étaient dès lors fixés à Avignon. Ce fut *François de Maynier* qui harangua *Clément V*, à son entrée dans cette ville, en 1309. *Pierre* fut fait comte palatin, par bref pontifical de 1356, avec le droit de porter les armes du Pape, d'azur à deux chevrons d'argent rompus l'un à dextre, l'autre à sénestre : la tiare du Pape et les deux clés en sautoir étaient suspendues au cou des aigles, formant les supports, comme marque de la dignité de comte palatin.

Les Maynier furent presque tous de savants jurisconsultes. *François de Maynier* fut primicier de l'Université d'Avignon, en 1306. *Guillaume de Maynier* fut aussi primicier à diverses reprises, en particulier en 1462. Il avait une connaissance approfondie du droit. Il mourut en 1502. Son fils, *Accurse de Maynier*, né en 1450, fut un homme fort distingué et fort habile : de 1486 à 1507, il fut juge-mage de Provence (1).

Louis XII l'envoya en ambassade à Venise (1501), puis le chargea, en qualité de commissaire royal, de former une chambre à Toulouse pour juger *Pierre de Rohan*, maréchal de France, en 1505. Le roi le récompensa de ses services, en le nommant président au parlement de Provence. Il fut reçu, en cette qualité, le 15 juin 1507 (2).

Il remplaçait *Antoine Mulet*, qui était précédemment conseiller au parlement de Grenoble et avait été appelé, en 1502, à la présidence du parlement de Provence, dont il fut l'organisateur : Mulet fut nommé premier président à Grenoble, sa ville natale.

(1) La dignité de juge-mage, qui était à l'origine la plus considérable après celle de grand sénéchal, chef de toutes les juridictions royales, fut plus tard diminuée et ses attributions passèrent au Parlement. Le juge mage, dans les dernières années du XIVe siècle, siégeait à Aix comme le sénéchal. Supprimé en 1415 par Louis II, roi de Provence, le juge-mage fut rétabli en 1424 par Louis III, mais sa juridiction fut diminuée ; il n'avait plus que le droit de juger « les secondes appellations. » Enfin en 1535, un édit du roi François Ier organisa les sénéchaussées et supprima le juge-mage. (V. *Papon, Hist. de Provence* I, 20 ; Bibl. d'Aix mss. 905, p. 351 ; recueil mss. 1016. *Recherches sur Aix* par de Haitze, première pièce : Juges-Mages de Provence, par le P. Biçais). A la page 44, on lit que le 11 mars 1486, *Accurse Maynier* est qualifié dans un acte « *Jurium professor eximius civitatis Avenionensis, nunc hujus civitatis Aquensis consiliarius regius magnæ curiæ magister rationalis et in comitatibus Provinciæ et Forcalqueriensis secundarum appellationum et nullitatum major judex.* » Cet acte est cité aussi par M. de Saint-Vincens, mss. 1012 p. 339, pour établir que quelques personnes possédaient alors des places de judicature dans des tribunaux différents. (V. *Ibid.* p. 335 et suiv. un consciencieux résumé de l'organisation de la justice en Provence avant et après l'organisation du Parlement d'Aix).

(2) Bibl. d'Aix mss. 736 par *Joseph de Haitze*. Extrait du livre Rouge aux Archives d'Aix, Premiers présidents. Cfr. Moissac, mss. 902, p. 630.

La nomination d'Accurse de Maynier fut, paraît-il, assez mal accueillie et voici ce qu'en rapporte *Hesmivy de Moissac*, dans son Histoire du Parlement :

« Peu de temps après que la cour eut repris ses séances dans la ville d'Aix (1 fevr. 1507, vieux style) Mulet quitta la compagnie pour aller exercer une charge de président au Parlement de Grenoble. Le roy nomma à sa place Accurse de Meinier, baron d'Oppède, qui estoit alors juge-mage. L'élévation de Meinier lui attira beaucoup d'envieux, et il se forma un parti dans le parlement pour le faire déchoir de ce poste éminent. Il avoit autrefois suivi le parti de Saint-Valier, grand sénéchal, lorsque ce seigneur s'estoit déclaré contre le vicomte des Martigues, gouverneur de la province. Cela lui avoit suscité bien des traverses dont il estoit sorti heureusement, car après avoir esté détenu en prison et même déposé de sa charge, il avoit esté rétabli par un jugement solennel et mis sous la sauvegarde du roy ; ensuite Louis XII l'avoit envoyé ambassadeur vers la République de Venise, et après son retour il le fit président en ce parlement. Mais cette nouvelle dignité loin d'abattre le cœur de ses ennemis, ralluma leur haine contre luy. Ils décrièrent sa conduite auprès du roy, enfin ils firent tant par leurs menées, qu'ils obtinrent que Meinier iroit à Toulouse, avec la charge de troisième président, et que Beaumont lui succèderoit. Meinier ne peut se résoudre de quitter la première place de ce parlement qu'il n'avoit occupé que huit à dix mois, pour devenir le troisième président d'un parlement étranger, dans lequel il n'avoit aucune habitude. Il se plaignit amèrement de cette injustice et voïant que ses plaintes n'estoient pas escoutées, il s'opposa à la réception de Beaumont sur le fondement qu'on ne pouvait déposséder un officier que pour crime de forfaiture et après lui avoir fait son procès. Mais malgré cette opposition, Beaumont fut reçu et installé dans le parlement (1). »

Maynier continua son opposition, mais des lettres patentes du roi le déboutèrent de sa plainte et confirmèrent la réception de *Gervais de Beaumont*. Bien malgré lui, Maynier dut se rendre à Toulouse. Il fut reçu le 11 décembre 1511 et il exerça les fonctions de troisième président, jusqu'à sa mort, arrivée en 1536 (2).

III

Accurse de Maynier reçut du Pape l'inféodation de la baronnie d'Oppède. Il avait épousé *Madeleine de Merles*, fille de *Louis de Merles* seigneur de Beauchamp et de *Catherine de Forbin*, sœur du grand *Palamède*. Il en eut un fils *Jean* et une fille *Marguerite*.

Divers historiens ont dit que le changement d'Accurse de Maynier était une disgrâce éclatante et méritée. Ils ajoutent qu'il fallut à son fils *Jean* une intelligence et une habileté remarquables, pour pénétrer de nouveau dans le parlement de Provence. Ce fut plutôt une mesure de sage politique ; le parlement de Toulouse était

(1) Bibl. d'Aix mss. 902, p. 12-13. Cfr. *Ibid.* p. 630. Cfr. Bibl. Nat. Cabinet des Titres 1904, dossier 43,868.

(2) « Il épousa en secondes noces, à Toulouse, Claire de Combolas, dont il eut Fr. René de Mainier, qui vint ensuite former à Aix une deuxième branche de sa maison qui a donné des conseillers au parlement. »

Note de M. de Saint-Vincens ajoutée au texte d'Hesmivy, mss. 902. Le P. Bicaïs, dans son Histoire du Parlement, mss. 634 de la Bibl. d'Aix, nous apprend (p. 53) que beaucoup regardent ce second mariage comme supposé et imaginé uniquement pour appuyer les prétentions d'une famille intéressée. Cfr. Robert de Briançon, II, 297-307.

beaucoup plus important que celui d'Aix, la compensation donnée à Maynier était sérieuse. Le souvenir de ses services et de sa capacité contribua à faciliter la carrière de Jean de Maynier, son fils, qui fut rapide et brillante. Né le 10 septembre 1495, dans l'hôtel d'Oppède, acquis en 1490 par son père, *Jean* vint suivre les cours de droit à la célèbre université d'Avignon, vers 1512, y prit le bonnet de docteur, en l'année 1520, et, deux ans après, François 1er, qui le remarqua dans un de ses voyages à Paris, érigea en sa faveur une nouvelle charge de conseiller au parlement de Provence, à laquelle il fut nommé, le 22 février 1522. Jusque là, le parlement (organisé en juillet 1501) ne se composait que d'une seule chambre et n'avait qu'un seul président. Le 12 novembre 1541, *Jean de Maynier* fut appelé au poste de second président, lors de la création d'une nouvelle chambre (1). Il s'était déjà signalé par sa science juridique et sa fermeté de caractère. Le 20 décembre 1543, il fut pourvu de la charge de premier président, par lettres-patentes données à Fontainebleau et fut reçu le 28 janvier suivant (2).

(1) Histoire du Parlement par *Guidi*, Bibl. d'Aix, mss. 905, p. 185. Le 17 mars 1543, le président Jean de Maynier fut reçu à Toulon avec grande pompe. Délib. du conseil de ville, Archives de Toulon 1536-1548, f. 222, registre BB. 47.

(2) Le parlement, usant de son droit, présenta Jean de Maynier, en première ligne, pour cette fonction, par délibération du 7 novembre 1543. Jean de Maynier était le seul candidat sérieux.

Après la mort de *Barthélemy de Chassannée*, premier président depuis le 3 novembre 1533, et mort dans ses fonctions en avril 1541, à l'âge de 64 ans, le parlement, selon l'usage (25 avril 1541), avait présenté trois candidats au choix du roi : *Guillaume Garconnet*, avocat général à Aix ; *Jean de Maynier*, conseiller à Aix ; *Jean de Vega*, avocat général à Toulouse. Ce fut *Guillaume Garconnet* qui fut nommé, le 24 mai 1541, et reçu le 18 juin suivant. Son mérite éminent était reconnu de tous. Il prit le premier le titre de premier président, lorsque le roi établit la charge de second président, en faveur de Maynier. Garconnet mourut le

Louis Adhémar de Monteil, baron de Grignan, lieutenant général en Provence, depuis 1541, fut envoyé, sur ces entrefaites, à la diète de Worms; Jean de Maynier fut désigné pour le remplacer, en qualité de lieutenant du roi, par lettres patentes du 26 février 1544, vérifiées au parlement le 12 mars suivant.

Il se trouvait investi des fonctions de commandant et de surintendant de Provence, dans des circonstances d'une extrême gravité.

Il fallait exécuter contre les Vaudois de Mérindol, Cabrières et autres lieux, l'arrêt du parlement d'Aix du 18 novembre 1540 (1). Les Vaudois remontaient aux Albigeois et firent cause commune avec les protestants d'Allemagne. Les catholiques les laissèrent pratiquer leur culte, mais lorsque les Vaudois, enhardis par les

5 octobre 1543, à Montpellier, pendant la tenue des Etats de Languedoc où il assistait en qualité de commissaire du roi. (V. Moissac mss. 902, et P. Bicaïs mss. 634. *Hist. du Parlement d'Aix, passim.*)

V. sur la présentation des officiers par le parlement, le Cérémonial du parlement, d'Hesmivy de Moissac, gros vol. mss. in fol. Bibl. d'Aix 899, p. 744 et suiv.

(1) Jean de Maynier ne prit point part à l'arrêt du 18 novembre 1540 et s'interposa plusieurs fois, pour ramener les Vaudois dans le devoir. C'est un fait admis par les historiens qui lui sont le moins favorables. Voici ce qu'en dit Papon, *Histoire de Provence*, t. IV, p. 107, à l'année 1541 :

« Jean Maynier, seigneur d'Oppède, venoit d'être nommé à la charge de second président. Retenu hors de la Provence, depuis près de deux ans, pour les affaires du roi, il n'avoit eu aucune part au fameux arrêt de Mérindol, ni aux procédures qu'on avoit faites. Ayant appris à Avignon, lorsqu'il s'en retournoit à Aix, l'état de crise où se trouvoit sa patrie, il engagea l'évêque de Cavaillon, dans le diocèse duquel Mérindol est situé, à faire un dernier effort pour ramener les hérétiques au sein de l'Eglise par la persuasion. » Il obtint, le 6 mars 1542, que le Parlement tenterait une démarche pacifique, qui fut, du reste, inutile comme toutes les autres. Les Vaudois étaient des rebelles, dont les prétentions avaient irrité tous les gens raisonnables. L'histoire impartiale de cet épisode de l'histoire provençale est encore à écrire, avec le calme qui convient à la véritable érudition.

progrès de la Réforme, se mirent à prêcher publiquement leurs erreurs, les catholiques s'y opposèrent. De là des conflits et des luttes à main armée, qui déterminèrent François Ier à ordonner, le 2 mars 1538, au parlement de Provence d'agir, avec toute la rigueur des lois, contre les Vaudois révoltés. Les progrès de l'erreur étaient tels et l'audace des nouveaux sectaires si grande, que le parlement donna, le 18 novembre 1540 « cet arrêt célèbre par lequel il fut ordonné que les lieux de Mérindol et autres, qui jusqu'alors avoient été le foyer de l'hérésie, seroient démolis, les maisons rasées jusqu'aux fondemens ; que les forts, les cavernes et autres lieux souterrains, dans lesquels les Vaudois se cachoient, seroient détruits, et les forêts coupées ; que dix neuf personnes, nommées dans l'arrêt, expireroient dans les flammes ; que les femmes, les enfans, les domestiques même de ces infortunés habitans et leurs biens seroient acquis et confisqués au seigneur Roi ; et que personne, soit noble ou roturier, ne pourroit leur donner asyle ni secours (1). »

Cet arrêt rigoureux avait pour but d'effrayer les Vaudois et de les amener à rentrer dans le sein de l'unité catholique, ou tout au moins de faire cesser leurs déprédations. Ils ne se firent pas faute de le promettre, et François Ier leur accorda à diverses reprises (1541, 1542, 1543) leur pardon, à condition qu'ils abjureraient leurs erreurs. Dès le 8 février 1541, il suspendit l'effet de l'arrêt du parlement, et donna trois mois aux Vaudois, pour faire leur abjuration. Mais ceux-ci ne voulaient que gagner du temps et éluder les ordres réitérés du roi, tout en renouvelant de temps en temps leurs brigandages contre les catholiques. Les voies de douceur

(1) Papon, *Histoire de Provence*, t. IV, p. 93.

n'aboutirent pas, et les hésitations du roi n'eurent d'autre résultat que d'enhardir à l'excès les Vaudois, qui en vinrent à secouer toute autorité, à chasser leur seigneur et ses officiers et à se mettre en révolte ouverte.

La liberté de conscience servait de prétexte à tous les excès, et l'autorité royale méconnue ne pouvait supporter plus longtemps un état de choses aussi contraire aux lois du royaume. Les Vaudois présentèrent bien encore une supplique à François Ier, en avril 1544, protestant de leur innocence et se disant victimes de la haine de leurs ennemis. Ils n'en continuaient pas moins à prêcher leurs erreurs, à ravager les églises et les monastères. François Ier permit une nouvelle information, mais elle tourna à la confusion des Vaudois. Les Etats de Provence assemblés à Aix, supplièrent le roi, le 15 décembre 1544, de punir les rebelles, qui se moquaient ouvertement de la justice et des lois. L'opinion publique réclamait un châtiment exemplaire.

Déjà, le 7 décembre, le roi avait enjoint au comte de Grignan d'exécuter, dans toute sa rigueur, la sentence portée contre les Vaudois. Le premier président qui le remplaçait reçut l'ordre d'entrer en campagne, le 29 janvier 1545, et le 10 mars 1545, le comte de Grignan l'informa que le roi persistait dans sa résolution. *Jean de Maynier* hésitait jusqu'alors; il avait même écrit en cour, pour demander de modérer la peine prononcée contre les Vaudois, et il croyait que la sévérité du roi pouvait encore une fois faire place à la clémence. Mais au commencement d'avril 1545, arrivèrent les lettres royales enjoignant d'agir sans retard. Le premier président obéit. A la requête de l'avocat général *Guérin*, le parlement (12 avril 1545) nomma une commission chargée de surveiller l'exécution de l'arrêt. L'affaire fut menée rapidement. Les Vaudois se défendirent avec acharnement, il fallut employer des troupes nombreuses, et il y eut fatalement des excès de la part des soldats irrités par une résistance désespérée, qui dura trois semaines.

IV

Les protestants, trop complaisamment imités par de Thou et d'autres historiens, ont singulièrement exagéré ce qu'ils nomment les horreurs de Cabrières et de Mérindol. Ils ont, en particulier, fort chargé la mémoire du premier président *Maynier* (1) et se sont fait les apologistes des Vaudois, qu'ils nous donnent comme des victimes innocentes.

(1) V. Histoire Universelle de J.-A. de Thou, éd. de Bâle, 1742, t. I, p. 532-546. Voici comment certains auteurs écrivent l'histoire : « Le baron d'Oppède! nous venons de nommer le plus cruel ennemi des Vaudois. Sous lui, la persécution atteint un degré de férocité jusqu'alors inouï. Ce n'est pas la guerre, mais l'extermination. Nous allons donner une page à la biographie de ce brigand titré. » Suit tout un chapitre sur ce ton, dans lequel l'Eglise catholique n'est pas plus respectée que la vérité historique. *Frossard*, pasteur, les *Vaudois de Provence*, 1re éd., Avignon 1848, p. 157 et suiv. — Un autre protestant, après avoir dit que *Jean de Maynier* nourrissait une passion profonde contre les luthériens, nous apprend que l'Eglise en faisait alors une vertu, ce que nous ignorions, puis il ajoute : « Il (Jean d'Oppède) avait l'esprit vif et bouillant, était très versé dans le droit et le palais et ne manquait pas d'une certaine fermeté dans l'administration de la justice ; mais il était cupide, dur et cruel, et il refit sa fortune aux dépens de ses vassaux. » *Histoire des Protestants de Provence, du Comtat Venaissin et de la Principauté d'Orange*, par *E. Arnaud*, pasteur, Paris, 2 vol. in-8°, 1884, t. I, p. 58. Nous citons ces passages à regret, car vraiment c'est pitié de voir l'histoire ainsi maltraitée. N'avons-nous pas raison de demander une étude sérieuse et sans passion de cet épisode des Vaudois, encore si mal connu ?

François Ier, sur le rapport qui lui fut fait par le président Lafonds, spécialement envoyé en ce but par le parlement d'Aix, rendit, le 18 août 1545, une déclaration par laquelle il approuvait la conduite du parlement et des commissaires.

Cependant, après la mort de François Ier (1547), le cardinal de *Tournon* (1), qui protégeait d'Oppède, fut disgracié et les protestants, appuyés par les princes réformés d'Allemagne, ainsi que par une fraction importante de la noblesse française, gagnée aux idées de la Réforme, obtinrent une enquête sur le châtiment des Vaudois, qu'ils regardaient comme des coreligionnaires.

Dans le sein du parlement, d'Oppède comptait de nombreux ennemis, parmi lesquels l'avocat général *Guérin* se distinguait par sa violence ; d'autre part, le comte de Tende, gouverneur de Provence, n'était pas fâché de frapper le parlement dans son chef. D'Oppède fut donc dépouillé du commandement de la Provence, en 1548, et cité à Paris, pour justifier sa conduite.

Fort de son droit, il obéit sans retard. A peine était-il arrivé qu'il fut jeté en prison et étroitement gardé à Melun, à Vincennes, puis à la Bastille. L'instruction dura près de quatre ans, et fut conduite avec une partialité révoltante, par les ennemis du président. L'affaire,

(1) *François de Tournon*, né à Tournon en 1469, fut nommé archevêque d'Embrun à 28 ans, et fut plusieurs fois chargé de négociations importantes. L'archevêché de Bourges et le cardinalat furent la récompense de ses services. Il fonda l'imprimerie royale, les collèges d'Auch et de Tournon, patronna les hommes de lettres et introduisit les Jésuites en France. Disgracié en 1547, il revint plus tard en faveur (1555), et mourut le 21 avril 1562, après avoir, pendant trente-neuf ans, pris une part active aux affaires publiques. De Thou lui-même lui rend cette justice de convenir qu'il fut toujours considéré, estimé et respecté même de ses envieux.

soumise au grand conseil, fut renvoyée au parlement de Paris. Avec d'Oppède, on mit en cause le président *Lafonds*, les conseillers *de Tributiis* et *de Badet*, enfin l'avocat général *Guérin*. On comprend le retentissement de ce procès auquel étaient intéressés les Protestants de France, le parlement et les Etats de Provence. Il commença devant le parlement de Paris, le 18 septembre 1551, et occupa 50 audiences.

L'avocat du président, nommé *Pierre Robert*, présenta sa défense, mais d'Oppède parla lui-même, pendant deux audiences, avec beaucoup de force. Il établit qu'il n'avait fait qu'exécuter les ordres du roi, comme c'était son devoir, et protesta bien haut que s'il y avait eu des excès commis, les Vaudois ne pouvaient s'en prendre qu'à leur obstination et à leurs incessantes provocations.

Le jugement trompa l'attente de ceux qui l'avaient sollicité : malgré leurs efforts et malgré toutes les intrigues, le parlement de Paris déclara innocents le président d'Oppède et ses co-accusés. Seul l'avocat général Guérin fut plus tard (20 avril 1554) condamné à être pendu en place de Grève, pour crimes divers, ne se rattachant que très indirectement à l'affaire de Mérindol.

Ainsi était proclamée, après un débat passionné, l'innocence de Jean d'Oppède que les ordres réitérés du roi avaient seuls amené à agir avec tant de rigueur (1).

En conséquence de cet arrêt, d'Oppède fut rétabli

(1) « Cet arrest si célèbre a publiquement justifié l'innocence du s. d'Oppède et des autres sieurs commissaires du dit parlement, et contredit manifestement tout ce que le s. président de Thou et autres historiens de ce temps-là (suspects à la religion) ont dit au contraire pour noircir le zèle et la probité de ces grands hommes. » *Hist. du parlement de Provence* par Guidi, Bibl. d'Aix, mss. 905 p. 28, Cfr. *Ibid.* p. 371-378. La même opinion est exprimée aussi nettement par Hesmivy de Moissac, *Hist. du Parlement*, mss. 902 p. 57-58-63 et sqq. et p. 633-634.

dans l'exercice de sa charge de premier président. Il revint à Aix, au commencement de février 1554. Il fut reçu en triomphe et reprit possession de ses fonctions le 4 février. Il était porteur de lettres du roi, en date du 2 novembre 1553, et du garde des sceaux, Jean Brulard, en date du 18 décembre 1553, adressées toutes les deux au parlement et très explicites, en faveur du président. D'Oppède sortait victorieux de toutes les intrigues et revenait investi de la confiance du roi. En 1555, le pape Paul V le créa chevalier de Saint-Jean de Latran et comte palatin, dignité que le roi lui permit d'accepter par lettres données le 28 août 1556 et enregistrées le 12 avril suivant (1). En 1537, un bref de Paul III l'avait nommé viguier perpétuel de Cavaillon.

Jean de Maynier mourut en fonctions, d'une maladie qui fut mal soignée. Il souffrait de la gravelle et la rapidité de sa mort fit répandre le bruit qu'il avait été sondé avec un instrument empoisonné, par un opérateur huguenot. Ce bruit, que les protestants de nos jours traitent d'infâme calomnie, semblera cependant assez fondé, si l'on veut bien se rappeler la violence des haines religieuses à cette époque, haines dont les écrivains protestants se font encore aujourd'hui l'écho, à l'égard de *Jean de Maynier*.

De son temps, on le regardait comme le défenseur le plus méritant de la religion. Il fut enterré, le 22 juin selon les uns, le 4 juillet 1558, selon les autres, aux Observantins, dans la chapelle des Maynier, où l'on

(1) V. aux Archives du Var, série E, 198, titres de famille des Maynier (1501-1535) et E, 202, 1557. Enregistrement au parlement d'Aix des lettres patentes et bulles apostoliques donnant à Jean de Forbin, premier président et à ses successeurs à la baronnie d'Oppède, le titre de chevalier de Saint-Jean de Latran et de comte palatin. Au lieu de *Jean de Forbin*, comme porte l'inventaire, il faut lire *Jean de Maynier*. L'erreur est manifeste.

voyait encore au XVIIIme siècle, son tombeau et son portrait peint sur l'un des tableaux du maître-autel. Selon la mode du temps, on lui composa de nombreuses épitaphes et l'on écrivit à sa louange de nombreuses pièces de vers (1). Le président Jean de Maynier est, en définitive, une grande figure de l'histoire de Provence, et sa mort fut considérée, à juste raison, comme un malheur public (2).

Jean de Maynier épousa en premières noces *Jeanne de Vintimille-Tourves,* dont il eut deux filles : *Jeanne*, mariée à *Antoine de Glandevès*, vicomte de Pourrières, morte sans enfants ; et *Anne*, mariée à *François de Pérussis*, dont nous avons parlé plus haut (p. 18).

Il se remaria (18 février 1531), après la mort de sa première femme, avec *Madeleine de Castellane de Fos* (3), qui lui survécut de longues années, puisque son testament est daté du 13 février 1590, et fait à Arles, où elle mourut, à une date que nous ne saurions préciser. Il n'eut pas d'enfants de ce second mariage.

Avec *Jean de Maynier d'Oppède* finit la branche des Maynier, qui se sont si fort distingués en Provence. Ils s'étaient élevés peu à peu, par leur travail et leur dévouement au roi de France, aux plus hautes dignités dont ils se montrèrent dignes, par leurs talents et leur caractère fortement trempé. Les Forbin qui héritèrent de leurs biens et de leur nom, soutinrent avec honneur leur réputation.

(1) Saint-Vincens, Notes et Recherches sur Aix, mss. 1012, p. 483; P. Bicais, mss. 634, p. 63.

(2) De Haitze, Portraits ou éloges historiques des premiers présidens du parlement de Provence, Avignon, in 12, 1737, p. 70.

(3) Elle était fille d'Honoré de Castellane de Fos, sieur de Laval Chanant, au diocèse de Glandevès, et de Louise de Viella, dame de Condé en Normandie. Bibliothèque d'Aix, P. Bicais, mss. 634, p. 64.

V

Vincens-Anne de Forbin-Maynier eut une carrière fort bien remplie dans la magistrature, et la dignité de premier président en fut le couronnement. Il succéda à Marc-Antoine d'Escalis d'Ansouis, mort le 14 octobre 1620, à son château d'Ansouis, avec la charge d'indemniser les héritiers, ce qui fut réglé à 35 mille écus. L'année suivante, il harangua le roi Louis XIII à son passage à Arles, le 29 octobre 1622 (1), et ce prince en fut si satisfait qu'il accepta d'être parrain du fils du président, baptisé à Aix, le 11 novembre 1622, sous le nom de Louis, et qui fut plus tard évêque de Toulon.

Vincens-Anne de Forbin se fit remarquer par son courage, durant la peste qui désola la Provence, en

(1) V. « Entrée de Loys XIII, roy de France et de Navarre, dans sa ville d'Arles, le XXIX oct. MDCXXII. Estans consuls et gouverneurs de la dicte ville, Pierre de Boches et Nicolas d'Ycard, de l'estat des nobles, et Gauchier Peint et Claude Janin de celuy des bourgeois. En Avignon, de l'imprimerie de J. Bramereau, imprimeur de Sa Sainteté, de la ville et Université, MDCXXIII, avec permission des supérieurs. » Cette entrée composée par le savant chanoine *Pierre Saxi*, fut imprimée aux frais de la ville par Jean Bramereau qui reçut 240 livres pour 200 exemplaires. Jean Beuf, garde de la monnaie d'Avignon, grava les 10 planches qui ornent ce volume et reçut 270 livres. On en donna des exemplaires au roi, au duc de Guise, gouverneur, aux premiers présidents du Parlement et des Comptes et à tous les officiers de la ville d'Arles. Comptes trésoraires. Ce volume est rare ; il est in-fol. et comprend 68 p. (les gravures comptant chacune pour deux pages), sans les pièces liminaires, 8 p. Il y en a un exemplaire aux Archives d'Arles, et M. Arbaud, d'Aix, en possède un autre relié en parchemin, avec un filet doré et les armes d'Arles sur les plats, ayant appartenu à Honoré Blégier Marguerite d'Agut, dont le monogramme (D. B. M. entrelacés) est au bas du titre. (En voir un exemplaire Bibl. d'Aix, Recueil 28,232).

1629. Il se rendit à Paris en 1630, à la suite de ses démêlés avec le président Laurent de Coriolis et des troubles des *Cascaveoux*, dont il ne put voir la fin (1).

On lui reprocha d'avoir soutenu avec trop de hauteur les droits et les prérogatives de sa dignité, ce qui lui créa des difficultés même avec l'archevêque d'Aix, M. Louis de Bretel. Il mourut d'apoplexie, au retour, à Avignon, le 17 février 1631, « ce qui fut, dit Hesmivy de Moissac, un grand malheur dans la conjoncture présente. » Il faisait allusion aux divisions qui devaient aller en augmentant, parmi les membres du parlement, ainsi que nous le verrons (2).

(1) Sur les troubles des Cascaveoux, voir Papon, IV, 449-473 ; Roux-Alphéran, *Les Rues d'Aix*, I, 243-245 ; II, 48-56 ; Hesmivy de Moissac, mss. 902, p. 268 et suiv., et les divers historiens provençaux.

(2) *Laurent de Coriolis* qui présidait la chambre du parlement établie à Pertuis, en 1629, durant la peste, prétendait porter la robe rouge et se disait l'égal du premier président, qui siégeait à Salon, avec la grand'chambre du parlement. Les deux chambres prirent fait et cause pour leur président respectif. Sur ces entrefaites, parut l'édit des élus ; on craignit que les privilèges de la province ne fussent abolis. Le premier président passa pour favorable à l'édit et le président de Coriolis contribua à répandre ce bruit, qui rendit Maynier fort impopulaire. Il y eut dans Aix des émeutes. Les *Cascaveoux*, ainsi nommés parce qu'ils avaient adopté pour signe de ralliement un grelot, en provençal *cascaveou*, terrorisèrent la ville et le parlement. Le 14 octobre 1630, le parlement, présidé par *Maynier*, décida de faire des remontrances au roi au sujet de l'édit, mais l'effervescence populaire ne fit qu'augmenter. Le duc de *Guise*, gouverneur de Provence, n'avait pas assez de troupes, pour rétablir l'ordre. Le premier président se retira à la Verdière, puis se rendit à Paris, pour informer le roi de la situation. Le prince de *Condé*, père du grand Condé, fut envoyé à la place du duc de Guise, avec 4 ou 5,000 hommes de troupes, et par sa conduite énergique et prudente il pacifia rapidement le pays (1631) et fit redouter la puissance du roi. Le président *Coriolis* n'échappa à la mort que par l'exil, et le parlement se soumit. D'ailleurs l'édit des élus fut rapporté, en 1633. Ce fut en 1630, que les *Cascaveoux* dévastèrent le château de La Barben qui appartenait à Gaspard de Forbin, premier consul d'Aix, que l'on croyait favorable à l'édit. Les Rues d'Aix, II, 50.

Vincens-Anne de Forbin avait épousé, en 1604, Marguerite d'Oraison de La Tour, fille de François, marquis d'Oraison, vicomte de Cadenet, chevalier de l'ordre du roi. De ce mariage naquirent deux enfants morts en bas âge. Marguerite d'Oraison mourut au mois de mai 1610 (1) et Vincens-Anne de Forbin épousa en secondes noces, le 29 décembre 1613, Aimare de Castellane de La Verdière, dont il eut de nombreux enfants.

(1) Mortuaire des Observantins, mss. conservé aux Archives du Greffe du Tribunal civil d'Aix. Mai 1610. « Le 27 dudit mois nous avons enseveli, dans la chapelle et sépulture de M. le baron d'Oppède, noble dame Marguerite d'Oraison, dame et baronne d'Oppède. »

HENRI D'OPPÈDE

I

Henri de Forbin est l'aîné des enfants issus de ce second mariage. A la mort de son père, il n'avait encore que 11 ans et déjà il était à Paris, au collège de Navarre où il demeura huit ans. Il dut y nouer, avec des fils de grandes familles, des relations sérieuses qu'il ne négligea pas d'entretenir (1). Cette éducation contribua à élargir, pour Henri d'Oppède, le cercle des idées toujours un peu étroit dans lequel on vit en province, et volontiers nous y verrions l'explication de cette tendance qu'il eut toujours à favoriser la centralisation, qui est la caractéristique du gouvernement de Louis XIV. *Henri de Forbin* était à peine « sorti de l'Académie » que sa mère lui fit épouser *Marie-Thérèse de Pontevès*, par contrat du 4 juillet 1637. Cette jeune fille était orpheline et son père avait réglé les clauses de ce mariage avec Jean-Baptiste de Castellane La Verdière et sa sœur, la première présidente (2). *Marie-Thérèse*

(1) Les familles les plus riches pouvaient seules envoyer leurs fils à Paris. En 1630, c'était encore une exception et l'usage ne se généralisa que plus tard, surtout au XVIIIe siècle. V. le Livre de Raison de Henri de Forbin, au pouvoir de M. le Mis de Forbin d'Oppède.

(2) *Marie-Thérèse de Pontevès* était fille de défunt Jean-André de Pontevès, écuyer du lieu de Cadenet, et de noble Claude Deguast. Les articles du contrat avaient été « accordez et signez par led. feu sr de Pontevès. » Ce contrat fut rédigé au château de la Verdière, en présence de MM. *Jean-Joseph Chabert*, avocat à la cour; *Jean-Pierre Maunier*, médecin de Pertuis; *Claude de Pontevès* sieur de la Forest; *Jean Roux*,

de Pontevès avait été élevée avec les sœurs de Henri, dont elle était cousine. Elle n'avait que 12 ans et Henri d'Oppède 17 ans. Il y eut, au sujet de ce mariage, entre M. de Bretel, archevêque d'Aix (1) et M. Toussaint de Glandevès, évêque de Sisteron (1609-1648), parent des conjoints, qui leur donna la bénédiction nuptiale, certaines difficultés que le comte d'Alais applanit.

Quelques jours après son mariage, Henri d'Oppède acheta (24 juil. 1637) la charge de conseiller au parlement, vacante par la mort de Jean-Antoine de Thoron. Ses lettres de provision sont du 12 décembre 1637, et il fut reçu le 1er juin 1638, âgé de 18 ans et 3 mois. Il ne tarda pas à se faire remarquer.

Le comte d'Alais (Louis de Valois), arrivé en Provence, au mois de janvier 1638, débuta sous de très heureux auspices. Le maréchal *de Vitry* (Nicolas de

médecin de Barjols, témoins requis, par *André Pellanchon* et *Mathieu Malherbe*, notaires royaux de La Verdière et de Cadenet. Les conjoints étaient assistés : Henri d'Oppède, de sa mère, de *J.-B de Castellane*, seigneur de la Verdière et de sa femme *Marthe de Cabre*, ses oncle et tante ; *Marie-Thérèse de Pontevès*, de sa mère « administresse testamentaire ; » de *François de Pontevès*, carme déchaussé dit le P. *Ange de l'Annonciation*, son oncle ; de *Louise de Pontevès*, veuve d'Antoine Audric, écuyer de Pertuis ; de *Jean de Maulespine*, écuyer de Cavaillon, de *Marie Deguast*, ses oncle et tante, enfin de *Gaspard de Bouilliers*, écuyer de Vaugine, son cousin, et d'autres personnes non désignées dans l'acte. *Aymare de Castellane* donnait à son fils, sous certaines réserves, tous les biens provenant des Maynier, en particulier l'Hôtel d'Aix.

Ce contrat fut enregistré au greffe de la Sénéchaussée d'Aix, le 26 octobre 1637. En voir une copie authentique, au pouvoir de M. le marquis de Forbin d'Oppède.

(1) *Louis de Bretel*, doyen de l'église de Rouen, conseiller au parlement de cette ville, fut nommé archevêque d'Aix en 1630. Il était fils d'un président au parlement de Normandie. Il eut quelques démêlés avec M. *de la Verdière*, au sujet des affaires de la province. Il mourut le 17 mars 1644. V. Bibl. d'Aix, mss. 1015, pièce 4, Notice sur les archevêques d'Aix. Cfr. le Livre de Raison de Henri d'Oppède, année 1637.

l'Hopital), avait réussi à se faire universellement détester, et son successeur fut accueilli avec enthousiasme.

Cependant dès le mois de mars 1638, la création de nouveaux offices de judicature, dans le double but de procurer des ressources au trésor royal et de diminuer l'importance du parlement, provoqua, de la part de ce dernier, une résistance qui obligea le roi à révoquer cette création, en retour d'une forte somme votée par les Etats de Provence. Mais Richelieu s'en prit à ces derniers ; il ne les convoqua plus avec la solennité ordinaire, et ils ne furent désormais plus que des assemblées des communautés. Peu après, le parlement porta la peine de son opposition : un édit de janvier 1641 établissait à côté de lui une chambre des requêtes. En vain les magistrats refusèrent d'enregister l'édit : le comte d'Alais le fit enregistrer d'autorité (15 avril 1641) et les principaux opposants, parmi lesquels se trouvait *Henri d'Oppède*, furent suspendus de leurs fonctions. La chambre des requêtes, dont les officiers furent nommés seulement en 1642, dura six ans, et ne cessa de lutter avec le parlement qui ne voulut jamais la reconnaître (1). Le roi la supprima, dans un but de conciliation, et des lettres patentes d'octobre 1647, établirent

(1) La Correspondance originale de M. de Champigny, intendant de justice, police et finances de Provence en 1646, avec le chancelier Séguier, est, en partie, actuellement aux Archives de Saint-Petersbourg. Elle fournit des details précis sur la triste situation de la Provence. M. le comte Hector de La Ferrière-Percy, dans son ouvrage *Deux années de mission à Saint-Pétersbourg* : manuscrits, lettres et documents historiques sortis de France en 1789, 1 vol. in-8°, 1867, Paris, Aubry p. 137 et sqq., en a reproduit divers extraits, qui jettent un singulier jour sur cette période agitée. Le parlement d'Aix donnait l'exemple de la désobéissance et ses divisions entretenaient le désordre. Lorsqu'arriva M. de Mesgrigny, il essaya de remplir le rôle de conciliateur, mais en vain, les esprits étaient de plus en plus aigris et on en vint aux armes. M. Bochart de Champigny fut commissaire

le Semestre, parlement nouveau qui devait partager avec l'ancien les fonctions judiciaires, que chacun exercerait six mois alternativement. Le remède était pire que le mal ; le parlement se réconcilia avec la chambre des requêtes, et les deux compagnies, par acte du 15 décembre 1647, convinrent de vivre désormais en bonne harmonie, si le roi révoquait le Semestre. Le roi passa outre, et le 25 janvier 1648, le Semestre fut installé au Palais par le comte d'Alais. Les mesures prises par ce dernier déconcertèrent d'abord les résistances, et les ennemis du parlement, parmi lesquels se trouvaient beaucoup de membres de la noblesse, applaudirent à ce coup de force. Mais peu à peu les parlementaires mirent dans leurs intérêts le peuple d'Aix : au mois de juillet, le Semestre, qui aurait dû céder la place à l'ancien parlement, fut maintenu en exercice. D'autre part, les 13 magistrats qui avaient été exilés furent rappelés, et revinrent au mois de décembre. La situation du comte d'Alais était délicate : on lui reprochait de montrer trop de hauteur et de tenir trop à ses privilèges.

Plusieurs fois il fut insulté dans les rues, et la présence d'un corps nombreux d'infanterie et de cavalerie maintenait seule la tranquillité, en étouffant les tentatives réitérées d'émeute. En vain l'archevêque d'Arles, Mgr *François de Grignan*, interposa son autorité. Le retour des anciens magistrats exilés fut le signal d'une effervescence nouvelle. On faillit plusieurs fois se battre dans les rues. A la même date, la ville de Paris était

du roi aux Etats tenus à Lambesc, en 1646. Les intendants avaient toujours été très impopulaires en Provence, M. de Champigny ne fit pas exception. « Il étoit entreprenant, opiniâtre et n'avoit pas de grandes vues. Son mot ordinaire était : *Mi lo voillo*; ces mots lui furent appliqués et on en fit un sobriquet. » M. de Saint-Vincens, Notes sur Aix, mss. 1013 p. 811. En 1647-9 l'intendant était M. de Sève.

agitée par la Fronde, le cardinal Mazarin tenait avec peine tête à l'orage. Le désordre était général en France.

Au mois de janvier 1649, l'arrestation d'un valet qui insultait le comte d'Alais mit le feu aux poudres. Le tocsin sonna à Saint-Sauveur, sur l'ordre, dit-on, d'Aymare de Castellane : les boutiques se fermèrent et une troupe de près de 1200 hommes armés se groupa autour du président d'Oppède, centre de la résistance, avec son cousin le président de Forbin la Roque et les conseillers de Venel et Bonfils. Le 20 janvier, jour de saint Sébastien, le comte d'Alais fut forcé de capituler devant l'émeute, dirigée par les parlementaires. Le lendemain, le parlement cassa le semestre, prononça un arrêt contre Mazarin et fit élire de nouveaux consuls à Aix. Le peuple applaudit ; aussi le comte d'Alais et l'intendant engagèrent le roi à ne pas user de rigueur contre les auteurs de cette émeute, qui obtinrent, en effet, des lettres de grâce.

Le calme ne revint pas cependant et on assista à ce triste spectacle d'une lutte ouverte entre le parlement, qui leva des troupes pour se défendre, et le comte d'Alais obligé de mettre le siège devant Aix. L'arrivée du marquis de Saint-Aignan, envoyé de Paris, au mois d'août 1649, rétablit la paix aux conditions fixées par le roi. On ne saurait dire tout ce que la Provence souffrit des troubles du semestre. Le comte d'Alais avait montré souvent beaucoup de modération, néanmoins, sa situation comme gouverneur devenait intolérable. On publia des pamphlets contre lui, et plusieurs étaient écrits par des membres du parlement. Mazarin qui ne l'aimait pas, était sur le point de le rappeler, dans l'espoir que cette satisfaction donnée aux rancunes des Provençaux, aiderait au maintien de la paix, lorsque le parti de la jeune Fronde ou des petits maîtres, soutenus par Condé et le duc Gaston d'Orléans, obligea le cardinal à quitter Paris. La Fronde triomphante fit rendre un arrêt qui exilait Mazarin et sa famille. Mais la division se mit parmi les vainqueurs. Anne d'Autriche rappela Mazarin qui fut reçu en triomphe, à Paris, le 28 janvier 1652. Le cardinal usa, en un an, tous ses adversaires, qui se livrèrent à des excès fâcheux, et, en février 1653, la Fronde était définitivement vaincue. Pendant ces vicissitudes, on vit à Aix des partisans des princes que l'on nomma les sabreurs, tandis que les amis de Mazarin étaient dédaigneusement appelés les canivets ou taille-plumes (1), combattre à main armée. C'était l'anarchie la plus déplorable.

L'histoire de cette période est fort embrouillée : il arriva que de bons esprits et de courageux citoyens furent entraînés à prendre parti et même à en changer plusieurs fois, au milieu du désarroi général. Henri d'Oppède fut d'abord l'ami du comte d'Alais, puis il se sépara de lui, s'unit aux sabreurs, aux ennemis de Mazarin et, par la force des choses, il se trouva, comme tous les membres du parlement, mêlé à toutes les luttes

(1) Les troubles du semestre sont longuement racontés dans les histoires de Provence, Voir *Papon*, *Bouche*, *Gaufridi*, les mémoires des présidents de *Regusse*, de *Forbin la Roque*; Cfr. de *Haitze*, mss. 737, et Bibl. d'Aix, le mss. 801 : Relation du semestre et du sabre, ou relation des troubles et de la guerre arrivée en Provence à l'occasion de l'établissement du semestre et du mouvement vulgairement appelé le sabre, aux années 1649-1650 et suiv. 1 vol. in-fol. Voir encore pour la journée de saint Sébastien, le Livre de Raison de Henri d'Oppède. *Roux Alphéran*, les Rues d'Aix, *Guidi* et *Moissac* Hist. (Mss. du Parlement, etc., etc. Les partisans du semestre étaient aussi appelés Rubans bleus et ceux du parlement Rubans blancs. Cfr. *Pitton*.

Nous pensons que le marquis de Saint-Aignan qui vint en Provence en 1649, est le même personnage que le comte, puis duc de Saint-Aignan, premier gentilhomme de la Chambre du roi, gouverneur du Havre et protecteur de l'Académie royale d'Arles : cependant le *P. Anselme*, IX, 70 et suiv. ne mentionne pas de marquisat dans cette famille.

des années 1641 à 1652. (V. Délibérations du parlement, Bibl. d'Aix, mss. 953).

En 1641, Henri d'Oppède avait été suspendu de ses fonctions, puis rétabli. Il fut de nouveau suspendu, en 1645, à la suite d'une « contention arrivée le jour de la Feste de Dieu dans St-Sauveur pour raison de chères dans le cœur, dont les officiers du parlement vouloyent exclure ceux des requestes (1). » Cela ne l'empêcha pas de traiter de l'achat d'une charge de président, avec *Armand de Maunier*, au mois d'octobre 1645. « Je feus pourveu de ma charge de président (2) par le roy, le 29 fév. 1646 (c'est 29 nov. 1645 qui est la date vraie) et obtins de plus ma dispense d'aage et de service, me manquant trois années de service de dix ans auquel les ordonnances obligent auparavant que d'estre receu dans la charge de président et n'ayant pour lors que vingt six ans, ce que j'obtins de la bonté du roy et de la faveur de M. Seguier chancelier de France, dont je luy seray redevable toute ma vie, aussy bien que de toutes les autres faveurs que j'ay receu de luy en diverses rencontres ; ce que j'obtins moy-mesme en personne, y estant allé pour me purger de ma citation et interdiction, en me présentant au roy, duquel j'obtins mon restablissement et ordre au parlement, par lettre de cachet, de me recevoir nonobstant laditte interdiction. » Le président Lazare Du Chaîne fit opposition à la réception de d'Oppède, reçu le 10 février 1646, mais le parlement passa outre et renvoya les parties au conseil du roi, ce qui obligea d'Oppède à un nouveau voyage à la cour. Un accord intervint, le 2 novembre 1646, entre les deux

(1) Livre de Raison, à l'année 1645, avec ces mots en manchette : Ma seconde interdiction. A l'année 1641, il n'y a que des feuillets en blanc. Il s'agissait de la Chambre des Requêtes, v. plus haut p. 31.

(2) Livre de Raison, à l'année 1646. Il y a une erreur de date.

présidents et régla le rang qu'ils devaient tenir. (V. Bibl. d'Aix, mss. 953, passim.)

Dans son livre de raison, Henri d'Oppède a consigné de curieux détails sur l'établissement du semestre, en 1648 et 1649. Il déclare le semestre contraire aux droits du parlement, et il ajoute qu'il s'y opposa d'accord avec beaucoup de ses collègues, desquels il ne dépendit pas que les lettres patentes ne fussent rejetées. Il fut député « vers Sa Majesté pour aller poursuivre la révocation de cest injuste establissement, où je ne feus pas plus tost arrivé que nonobstant la protection de M. le cardinal de Sainte-Cécile (1), je receus, continua-t-il, commandement de par le roy, par la bouche de M. Séguier, chancelier de France, de sortir de Paris et m'en retourner en Provence ; mais dans le zelle que j'avois pour l'employ dont ma compagnie m'avoit honoré, je n'obéis point, ny a cinq autres pareils et divers commandements. Le dernier je le receus par un exempt auquel il me fallust obéir, mais ce ne feust pas de quinse ou vingt jours après ; enfin sachant et voyant qu'il n'y avoit plus d'espérance à obtenir justice, et que le sr d'Emeric pour lors surintendant des finances me faisoit chercher partout pour me faire arrester prisonnier, je partis de Paris. »

Lorsqu'il arriva en Provence, il trouva une lettre de cachet du roi, en date du 28 mars 1648, « par laquelle Sa Majesté prenant prétexte sur le séjour que j'avois fait à Paris au préjudice de ses ordres, me commande de m'en aller à Saumur, où elle me rélégue jusques à nouvel ordre. » Douze magistrats furent également exilés ; mais ils se concertèrent avec d'Oppède pour se

(1) Le cardinal de Sainte-Cécile, frère de Mazarin, était archevêque d'Aix. Nous citons le Livre de Raison, année 1649.

retirer en diverses villes du Comtat, où ils furent fort bien accueillis par le cardinal Bichi, évêque de Carpentras. Henri de Forbin se retira à sa maison d'Oppède, et n'en bougea pas, malgré une nouvelle lettre de cachet du 8 mai 1648, qui lui laissait le choix entre Lyon et Valence. Enfin, le roi permit à tous les magistrats de rester dans le Comtat. Pendant ce temps, les députés du parlement s'unissaient au parlement de Paris, qui prononça un arrêt (1648) contre l'établissement du semestre, en le déclarant illégal. A la fin de 1648, les magistrats exilés furent réintégrés dans leurs charges et espérèrent obtenir la suppression du semestre. L'opposition du comte d'Alais déjoua ce projet. Le parlement renvoya à Paris ses précédents députés, les conseillers de Barrême et d'André, qui du reste, ne reçurent que de bonnes paroles. Les désordres éclatèrent dans Aix et Henri d'Oppède en rend naturellement le comte d'Alais responsable. Les mécontents se groupaient autour du président d'Oppède, qui accepta ce rôle de chef de parti, et durant plusieurs années il y apporta toute la fougue de la jeunesse (1).

Le comte d'Alais, détesté en Provence et presque en disgrâce, se retira à la cour, tout en conservant son gouvernement. François *Bossain d'Urre, marquis d'Aiguebonne*, fut chargé provisoirement de le remplacer, mais il ne parvint pas à faire respecter son autorité. En 1652, il fut rappelé et trois présidents avec quatre gentilshommes furent exilés. L'assemblée des Communautés supplia le roi de donner un remplaçant au comte d'Alais. A la demande du parlement, ce fut le duc de Mercœur qui fut (9 avril 1652) envoyé avec

(1) Son Livre de Raison s'arrête à la fin de 1649, pour reprendre à l'année 1654. En 1649, il perdit sa mère : nous aurons à en parler.

une commission temporaire. Il avait épousé une nièce de Mazarin et à ce titre était suspect aux sabreurs. Ceux-ci firent une vigoureuse résistance ; chassés peu à peu de toutes les villes, ils tinrent encore assez longtemps dans Toulon, où s'étaient enfermés leurs principaux chefs, parmi lesquels Henri d'Oppède. Après de longs pourparlers, dans lesquels d'Oppède joua un rôle, Toulon se rendit, le 12 septembre 1652, à condition que l'on accorderait une amnistie générale. L'assemblée des Communautés, tenue à Aubagne, au mois d'octobre, ratifia la convention. Depuis lors, le calme ne fut presque plus troublé en Provence et, dans sa sagesse, le duc de Mercœur s'attacha à réparer les maux causés par ces discordes sanglantes. Le roi, par lettres patentes, rétablit dans leurs charges les magistrats compromis durant la période troublée de 1649 à 1653. Ces lettres furent enregistrées au parlement, le 31 mars 1653 (1).

II

Le duc de *Mercœur* avait gagné l'estime et mérité la reconnaissance des Provençaux : le roi amena le comte d'Alais à donner sa démission, et Mercœur fut nommé

(1) Lettres patentes du roi portant abolition générale de tout ce qui s'est passé de party à party durant les derniers mouvemens arrivez en Provence et notamment depuis les articles de la paix du 8 août 1649, par lesquelles Sa Majesté veut que la mémoire en soit éteinte, supprimée et comme non advenue. Publiées en parlement (Aix) le 31 mars 1653.
A Aix, par Charles David, imp. du roy, du clergé et de la dite ville 1661, 8 p. in-4°. Ces lettres sont de décembre 1652, elles confirmaient l'amnistie du 8 août 1649. Henri d'Oppède en bénéficia comme de l'amnistie de 1649. Un arrêt du conseil l'avait exilé à Saumur, avec d'autres membres du parlement. Ces pieces se trouvent à la Bibl. d'Aix, dans le Recueil de d'Haitze, mss. 737. Cfr. *Guidi* mss. 905 p. 165.

gouverneur de Provence. Ses lettres patentes furent vérifiées et enregistrées, à Aix, le 17 mars 1653.

Restait à nommer le premier président du parlement. *Jean de Mesgrigny*, marquis de Vendœuvre, vicomte de Troyes et de Conchy, etc., avait succédé à *Joseph de Bernet*, auquel il paya un brevet de retenue de 100.000 livres. Ses lettres sont du 17 septembre 1644 et il fut reçu le 20 juin suivant. Il eut à traverser une période des plus difficiles. Dégoûté d'avoir sans cesse à lutter, il quitta la Provence, en 1653, et il chercha plus que jamais à résigner sa charge. Le président *Charles de Grimaldi de Régusse*, conseiller depuis 1633, et président depuis 1643 (doct. en droit, Aix, 1 oct. 1647) comptait sur la succession de Mesgrigny (1). Henri d'Oppède se

(1) « *Charles de Grimaldi, marquis de Ragusse*, baron de Roumoules, seigneur de Saint-Martin, Villeneuve, Campagne, etc., fut pourvu d'un office de septième président créé en 1639 (1637 dit Guidi, mss. 905 p. 187) duquel *Joseph de Gaillard* son oncle avoit été pourvu, mais il mourut dans le temps qu'il poursuivoit sa réception. Les lettres de Grimaldi furent données le 20 avril 1643 et il fut reçu le 9 juin suivant. En 1649, le roi érigea la terre de Ragusse en marquisat en faveur de *Gaspard de Grimaldi* son ayeul. Charles traita de la charge de premier président avec *Mesgrigni*. Mais comme il croyoit la mériter par ses services et son attachement pour les intérêts du roy, il ne se pressa pas de conclure son marché. Le président d'*Oppède* le supplanta par la faveur de la duchesse de Mercœur, nièce du cardinal Mazarin, ce qui excita beaucoup de jalousie parmi ces deux concurrens. Ils eurent de grands démêlés ensemble et *Ragusse* fut exilé deux fois, ce qu'il soutint avec beaucoup de fermeté. Il fut toujours rapellé avec honneur. En 1664, après la mort du président de *la Roquette*, il devint second président. Il fut ensuite à la tête du parlement durant près de trois ans, pendant la vacance de la charge de premier président. En l'année 1674, il résigna sa charge à son fils, sous la retenue de dix ans de survivance; après que ce terme fut expiré, il obtint de nouvelles lettres pour 5 ans, mais sur l'opposition de quelques présidents, il s'en départit et le roi lui accorda un brevet de conseiller d'État, avec une pansion de 2000 fr. Il mourut peu d'années après, en 1687. Avant que d'être président *Grimaldy* avoit été 10 ans conseiller. Il avoit épousé *N. de Napolon*, fille d'un *gentilhomme ordinaire* de la chambre du roi, *corse d'ori-*

posa en compétiteur, et selon de Haitze (1) les troubles du sabre auraient été occasionnés en grande partie par la compétition des deux présidents, qui comptaient chacun leurs partisans, parmi les officiers du parlement. Mazarin ne se pressa pas de faire un choix, et deux ans s'écoulèrent après la pacification, sans que l'affaire fût conclue. Mazarin étudia mûrement le caractère de Henri d'Oppède durant le séjour qu'il fit à Paris, puis il le nomma premier président, malgré l'opposition du duc de Mercœur (2). Ce choix était dicté par une politique

gine, dont il eut trois fils et une fille mariée au seigneur de *Grimaldy Cagne*. Le président de Régusse a laissé des mémoires mss. très intéressans et très bien écrits sur les affaires de son temps. » Hesmivy de Moissac, mss. 902 p. 659. Les mémoires du président Régusse ont été imprimés à Aix en 1870. Ils vont de 1633 à 1664. L'original est à la Bibl. d'Aix, fonds Alphéran, n° LXXIII. Le président de Régusse habitait l'hôtel actuel de M. de Saporta à côté de son concurrent d'Oppède.

(1) Histoire de Provence sous le fameux gouvernement du comte d'Alais (1637-1653), mss. in-4°, composé en 1685, n° 737 de la Bibl. d'Aix, Voir le livre IV : L'affaire du sabre et du canif.

(2) *Henri d'Oppède* raconte dans son Livre de Raison qu'il passa deux ans à Paris pour l'expédition de ses letres patentes. Dès le 20 nov. 1653, il avait traité avec Mesgrigny, qui lui remit sa démission en blanc. Il expose longuement ses négociations dans son Livre de Raison. V. aux archives du Palais, Aix, Lettres Royales, 1654-1657 p. 528-531 et aux Archives du Var, E. 209. Lettres patentes du roi Louis XIV « nommant *Henri de Forbin, baron d'Oppède*, à l'état et office de premier président en la cour du parlement de Provence, et lui accordant une pansion annuelle de 3,200 l. en considération des bons services qu'il avoit rendus au feu roi son père, et pour lui donner plus de moyens de s'entretenir selon la dignité du susdit office de premier président. » D'Oppède donna 180,000 livres au président de *Mesgrigny*, qui résigna en sa faveur (mai 1655) et fut nommé membre du conseil royal. Voir cette resignation enregistrée au parlement à la suite des lettres patentes. La vénalité des charges au parlement de Provence remonte au milieu du XVIe siècle, selon M. *Fauris de Saint-Vincens*, Recherches sur Aix, mss. 1012 p. 350.

La pension de d'Oppède était payée très irrégulièrement, il réclama plusieurs fois, voir spécialement les Mélanges Colbert, vol. 114, f. 654, lettre du 10 fevrier 1663.

V. Archives des B.-du-Rh. B. 103 f. 437, lettres patentes portant don

très habile : le peuple d'Aix fut content de voir un aixois investi de cette dignité et seul le président *de Régusse*, sacrifié malgré ses services, put se plaindre de l'ingratitude du ministre. Henri d'Oppède fils, petit-fils et arrière-petit-fils de premier président, ayant de nombreux parents au parlement et dans la ville d'Aix, possesseur d'une grande fortune et doué de talents incontestés, jouissait d'un tel crédit en Provence qu'il eût été dangereux de l'avoir pour adversaire. Mazarin le comprit, et, en contentant son ambition, il s'en fit un auxiliaire puissant pour le maintien de la paix. Homme de parole et d'action, Henri d'Oppède se rallia franchement au duc de Mercœur, sur l'invitation de Mazarin, et ce n'était pas trop de toute l'énergie dont il était doué, pour être à la hauteur de sa tâche.

Il fallait, en effet, une main de fer, pour maintenir le bon ordre au sein du parlement, composé d'éléments disparates et la veille encore ennemis acharnés : sabreurs et canivets, principistes et mazarinistes. Nommé par lettres du 17 septembre 1655, *Henry d'Oppède* en avisa le parlement, par une lettre qui y fut lue le 5 octobre. Six semaines après (25 nov.) il fit son entrée à Aix « avec une grande magnificence. Plusieurs carrosses et des cavaliers sortis de la ville luy furent au devant bien loin et l'accompagnèrent dans la ville, où il fut reçu avec grand honneur et réjouissance (1). » Le lendemain, il fut mis en possession de sa charge, et le parlement écrivit ensuite au roi, à la reine et à Mgr le cardinal Mazarin, pour les remercier du choix qu'ils avaient fait (2) : le tout selon l'usage.

de la pension de 2,000 livres par an, à prendre sur les deniers provenant des amendes et confiscations pour M. le président d'Oppède.

(1) *Guidi*, mss. 905 p. 165; Moissac, mss. 902, p. 468, mss. 954, *passim*.

(2) Pendant les vacations de 1656, il commença une visite des princi-

Le duc de Mercœur s'inclina devant la volonté du cardinal et se lia dès lors très étroitement avec d'Oppède, qui montra, à la tête du parlement, les qualités d'un bon administrateur. Il brisa la résistance du président de Régusse, puis se réconcilia avec lui, lorsqu'il fut bien établi que rien n'était capable de triompher de sa volonté.

Ce ne fut pas sans peine que d'Oppède se tira de toutes les difficultés que lui créèrent ses adversaires. En 1659, l'émeute recommença dans Aix : d'Oppède fut menacé au parlement, et, à la journée de saint Valentin, (14 février 1659), la populace braqua le canon contre son hôtel. Mais il fit preuve d'une fermeté indomptable : l'émeute fut réprimée et Mazarin félicita chaudement le premier président (1). Louis XIV y joignit ses éloges et par sa lettre du 3 mars 1659, l'assura que « sa protection ne défaudrait jamais ni à lui ni aux siens. »

La journée de saint Valentin montra aux ennemis de d'Oppède que leurs efforts étaient inutiles. Désor–

pales villes de la Provence et fut reçu partout avec de grands honneurs. V. Archives de Toulon, C. C. 607, Comptes trésoraires. Cfr. *Ibidem*, B. B. 61. Députation pour féliciter M. d'Oppède sur sa nomination. Délib. du conseil de ville, 25 novembre 1655. Joseph Dedons, premier consul d'Aix, fut envoyé au devant de lui à Lambesc, lorsqu'il vint prendre possession de sa charge. Arch. des B.-du-R. C. 35.

(1) Pour les détails voir les historiens de Provence. « Le cardinal Mazarin lui écrivit qu'il n'avoit pas été surpris de la fermeté extraordinaire qu'il avoit montrée, pendant les troubles du 14 et du 15 février. « On ne devoit pas moins attendre, ajoutoit-il, de votre naissance et de votre vertu. Je veux espérer qu'à présent vous serez sorti de façon ou d'autre de ces furieux. .. car je frémis à la seule pensée des périls que vous avez courus dans cette perturbation. » *Papon*, Hist. de Provence, t. IV p. 576. Papon ajoute que peut-être le président eut à se reprocher « quelques-unes de ces fautes, dont les hommes les plus sages ne sont pas exempts, dans les villes et dans les corps où la division s'est mise » et il trouve un peu excessives les punitions infligées aux auteurs de cette bagarre. Cfr. *Roux Alpheran*, les Rues d'Aix, I, 267 et suiv.

mais son autorité fut assez fortement assise, pour qu'il n'eût plus rien à craindre, et, durant les douze années qui suivirent, d'Oppède fut le véritable gouverneur de la Provence. Celui qui en avait le titre, le duc de Mercœur, qui s'appela plus tard duc de Vendôme, enfin cardinal de Vendôme, ne faisait rien sans le consulter. En 1660, la réduction de Marseille provoqua bien des reproches contre le président, mais Louis XIV approuva toutes les mesures prises par lui. Il les aggrava même et fit son entrée par la brèche dans la ville soumise. Durant son séjour à Aix, en janvier 1660, Louis XIV prodigua ses marques de confiance à d'Oppède. Mazarin logea dans son hôtel et il était si bien disposé pour lui qu'il songeait à le faire garde des sceaux, lorsqu'il mourut à Vincennes, le 9 mars 1661, âgé de 59 ans. (V. la *Gazette* de 1661, p. 247 et sqq.)

III

Dévoué à Mazarin, d'Oppède ne fut pas moins dévoué à Colbert qui le remplaça (1). La correspondance de ce

(1) « Vous pouvés juger avec quelle joye j'ai reçu la lettre du roy en date du 20 septembre, et celle dont il vous a plu m'honorer du 6 du courant, par le respect et la vénération que j'ay pour vous depuis longtemps, et le service et l'attache particulière que je vous ay voué, et que j'ay pris la liberté de vous renouveller aussy fortement que je la veux avoir et que vous cognoistrez très certainement par toutes les actions de ma vie, et si ce que j'ay fait pour le service du roy a donné lieu à S. M. d'estre satisfait de ma conduite, j'espère que ce que je vous donneray subjet de lui en raporter à l'avenir n'en diminuera en rien sa créance. On pouvoit dire du vivant de S. E. que ce que je lui avois voué d'abandonnement adjoustoit à mon zelle, je n'ay pas laissé de continuer avec la mesme force après sa mort, et dans un temps ou ayant tout perdu

4

dernier montre en quelle estime il tenait le président. Les Provençaux vécurent en paix, courbés sous la main puissante de Louis XIV. Ce fut en vain qu'on essaya, à diverses reprises, d'exciter la défiance du ministre à l'égard du premier président, celui-ci n'eut jamais de peine à se défendre (1).

Après une si longue période d'agitations et de troubles, les Provençaux vécurent en paix et l'autorité de Louis XIV, respectée de tous, ne permettait que de timides remontrances (2). A la faveur de ce calme, les

en S. E. je ne prétendois autre chose de mes services que de tesmoigner toujours la mesme fidellité au roy et satisfaire à mon debvoir, jugés donc, Monsieur, si mon bonheur m'ayant rammené à servir le roy sous vos ordres, je ne voudray pas vous donner des marques de cet attachement particulier, que je vous ay prié de recevoir et d'agréer de moy par toute l'application possible et vigilance à bien exécuter tout ce qui me viendra de vostre part, et à vous témoigner une entière passion de mériter l'honneur de vos bonnes grâces... » Lettre de d'Oppède à Colbert, La Fare, 15 octobre 1661. Bibl. Nat. Mélanges Colbert, vol. 103, fol. 640.

(1) « Je sais, Monsieur, que quelques charitables avoient prétendu de me rendre mauvais office, en cette occasion, et que vous avés eu pour moy toute l'équité que je pouvois souhaiter et n'ayant jamais en affaire prouvé plus de candeur, de zelle et de challeur qu'en cellecy, parce que outre le service du roy, je m'estois persuadé qu'elle avoit quelque réflexion à vostre gloire ; cela me fait bien voir que les calomnies ne sont point encore mortes à mon esgard en cette province ; mais ma conduite démentira toujours ces sortes d'artifices, et là où il y aura lieu de servir le roy et de vous plaire, je deffie la malice mesme. » Lettre de d'Oppède à Colbert, Saint-Remi, 20 août 1661, Bibl. Nat. Mél. Colbert, vol. 103, fol. 437. Il s'agissait du don gratuit à obtenir de l'assemblée des communautés du pays, auprès de laquelle d'Oppède était commissaire du roi.

(2) « Je suis tout persuadé, Monsieur, que l'autorité du roy est si fort establie et soustenue par Sa Majesté et ceux qu'il appelle dans ses conseils, que ceux qui ont l'honneur de le servir dans ses provinces n'auront pas de peine à le faire obéir... Tout ce que l'on veut faire ou dire icy bas à mon esgard ne me donne ny ombrage ni apréhension, je sers toujours fort esgallement le roy, je l'ay sceu faire, j'ose dire, avec quelque sorte de fermeté, le poignard à la gorge, je n'en feray pas

efforts du gouvernement purent se porter sur des entreprises d'utilité publique. D'accord avec Colbert, d'Oppède s'appliqua à créer des usines, à ranimer l'industrie et le commerce. Les archives de la Chambre de commerce de Marseille renferment de nombreuses lettres du président relatives aux affaires commerciales, à la liquidation des dettes du commerce du Levant, à la franchise du port de Marseille, qui fut enfin établie, en 1669, malgré bien des résistances et ouvrit, pour cette ville, une ère de prospérité. Il travailla à l'exécution d'un nouveau affouagement de Provence, publié en 1666, à l'agrandissement de la ville de Marseille, dont il demanda le plan à P. Puget, au développement des relations commerciales de la France avec l'Orient, au perfectionnement de l'industrie des savons, à la construction du môle d'Agde, au curage du port de Marseille, au développement de l'agriculture.

Ses adversaires, obligés de reconnaître sa haute valeur lui adressaient, de son vivant, une seule critique à peu près : celle de servir trop chaleureusement les intérêts du pouvoir royal (1), et d'employer son crédit,

moins dans un temps où le roy est si fort absolu, et auquel il gouverne luy-mesme. » D'Oppède à Colbert, d'Aix le 20 décembre 1661. Bibl. Nat. Mélanges Colbert, vol. 105, fol. 483 et sqq.

En 1662, d'Oppède fut député à Paris, pour défendre les intérêts du parlement et aussi pour féliciter le roi au sujet de la naissance du Dauphin (1er nov 1661). Colbert, dans les entretiens qu'il eut avec lui, put juger de son mérite. D'Oppède eut aussi plusieurs audiences de Louis XIV, comme on le voit dans sa correspondance.

(1) Il écrivait à Mazarin, le 3 juillet 1657 : « Il part un député de la province, qui a désiré aussi bien que la province des lettres de M. de Mercœur et des miennes ; il s'en va pour soustenir les déclarations du roy que vostre Eminence a fait accorder cet hiver aux députés de la province, comme aussi pour se plaindre des geans de guerre, qui arrivent dans la province. *C'est un des criards de la province contre tout,*

sa fortune et son intelligence à favoriser les desseins de Colbert. Ce reproche pouvait sembler injurieux aux contemporains de d'Oppède, à ceux du moins — et ils étaient nombreux en Provence — qui regrettaient les envahissements de la centralisation et gémissaient sur les vieilles libertés perdues, pour faire place à une organisation de plus en plus uniforme des provinces composant alors la patrie française. Ils auraient pu ajouter que *Maynier* et *Forbin* avaient toujours été dans des dispositions semblables, depuis *Palamède de Forbin* et *Accurse de Maynier* qui chacun, dans la mesure de leurs forces, assurèrent l'union de la Provence et de la France (1). Mais aujourd'hui que l'unité nationale est faite, que l'on ne parle plus des intérêts de la Provence ou de la Bretagne en les mettant en opposition avec ceux de la France, personnifiée dans la Royauté, mais que les intérêts de la grande patrie

il seroit peut estre bon que V. E. luy parlast un peu ferme sur l'autorité du roy, car c'est un de ceux qui la voudroient fort mitiger. » Archives des affaires Etrangères. (Note de feu M. Cintrat.)

« Je n'espère rien de bon de cette assemblée des communautés et après leur avoir demain porté les dernières volontés du roy et en mesme temps les marques de sa bonté au soullagement de l'entretien du régiment. S'ils ne font ce qu'ils doivent, dans deux ou trois jours, nous rompons ; je vous demande la continuation de vostre protection que je mériteray toujours par mes respects et mes services. » D'Oppède à Colbert, Lambesc 10 may 1661. Bibl. Nat. Mélanges Colbert, vol. 102, fol. 549.

(1) On sait assez le rôle joué par Palamède de Forbin. *René* duc de Lorraine, petit-fils du roi René, déshérité par lui, fit valoir ses droits sur la Provence et rencontra dans Aix des partisans. Les Etats tenus à Aix, en 1488, se donnèrent de nouveau à la France, pour désabuser le duc de ses prétentions. *Accurse de Maynier* rédigea avec *Melchior de Séguiran*, un des 12 conseillers du parlement (mort en 1509) un mémoire, pour établir les droits du roi de France sur la Provence, et soutenir la validité du testament du comte Charles IV. L'union de la Provence à la France fut acceptée sans enthousiasme, par la grande majorité des habitants. (V. Papon, Bouche, Pitton, etc.)

française priment tous les autres et les comprennent tous, on ne saurait faire un crime à d'Oppède d'avoir été le serviteur fidèle de ceux qui contribuèrent tant à fondre en un corps compact les éléments un peu disparates de la France : Mazarin, Colbert et les grands administrateurs du règne de Louis XIV. Pour beaucoup, au contraire, ce sera un mérite et nous avouons en toute franchise être de ceux-là.

D'Oppède certes aimait les honneurs, pour lui et pour les siens, et il ne négligeait pas ses intérêts, lorsqu'ils se conciliaient avec ceux du roi.

Mais il protestait, dans une lettre à Colbert (1), de ne jamais faire servir les intérêts du roi aux siens, et c'est vrai. Il était à même de rendre de nombreux services aux membres de sa famille et il le fit parfois : en 1663 (9 janvier) il demanda pour son frère *Louis* l'évêché de Toulon et Colbert fit nommer cet abbé, ce qui était, du reste, un choix excellent. L'évêché de Toulon était d'assez faible revenu : il rapportait 9,000 livres à peine, et Mgr Louis de Forbin n'en sollicita jamais un autre (2).

(1) Lettre datée de La Fare, du 1 oct. 1661. Bibl. Nat. Mélanges Colbert, vol. 103, fol. 596 et suiv.

(2) V. *Gallia Christiana*, I, col. 757. Il fut nommé en février 1663 et sacré à Aix, le 28 septembre 1644, dans l'église des Carmélites, par le cardinal Grimaldi, assisté d'Etienne du Puget, évêque de Marseille, et de Nicolas de Valavoire, évêque de Riez. Il mourut à Toulon, le 29 avril 1675, « regretté généralement de tout son diocèse, qu'il avoit heureusement gouverné, comme un bon pasteur, pendant 12 années. » Registres de la paroisse Sainte-Marie, archives de Toulon, GG. 67, année 1675, f. 87 verso. — V. *Ibid.*, BB 63. Délibération du conseil de ville, du 2 mars 1663, pour féliciter Mgr d'Oppède sur sa nomination, fol. 50. V. Bibl. Nat. Mélanges Colbert, t. 114, p. 777, une lettre de Louis de Forbin d'Oppède, évêque nommé de Toulon, Aix, 27 février 1663. L'évêché n'avait que 24 paroisses. On lit dans un *Pouillé des Bénéfices de Provence* conservé dans le vol. 180 (non paginé) des 500

Henri d'Oppède avait 600,000 l. de dettes lorsqu'il mourut, ce qui prouve qu'il ne songeait nullement à s'enrichir, mais bien plutôt à tenir son rang avec honneur. Il dépensait largement, et dans son hôtel princier il avait toujours table ouverte. Le goût du luxe, qui a ruiné tant de familles, s'était introduit à Aix au milieu du XVIIe siècle (1), et l'on sait que le comte de Grignan devait plus tard y sacrifier toute sa fortune, malgré les sommes considérables que le roi lui donna souvent à titre gracieux.

Très souvent d'Oppède fut commissaire du roi aux assemblées des communautés : c'était pour lui l'occasion de grands frais et plus d'une fois il triompha des résistances des députés « par son adresse et par la magnificence de sa table (2). » Insinuant et ferme, il arrivait à ses fins, et ne négligeait aucun moyen pour obtenir le vote des dons gratuits, devenus de plus en

Colbert : « Evêché de Toulon. Messire l'abbé d'Oppède a été nommé en cet évêché ; 9,000 l. et fait une pension de 3,200 l. à M. de Saint-Germain. »

Colbert plaça avantageusement plusieurs de ses parents : on ne songe pas à lui en faire un crime ; c'étaient des hommes de valeur. On peut en dire autant des parents du premier président, proportions gardées.

(1) « On attribue au séjour de la cour à Aix (en 1660) le luxe qui s'introduisit depuis dans cette ville. Les mœurs y étaient autrefois si simples, que les magistrats travaillaient dans leurs cuisines, une servante, seul domestique de la maison, était occupée à faire la *carbonade* pour le souper ; la dame du logis filait à la clarté de la lampe qui éclairait le travail de son époux. Pendant la quarantaine de Noël à la Chandeleur, les dames allaient prier et causer dans la chapelle des Jacobins, qui est dédiée à la naissance de N. S. Elles allaient, disaient-elles, tenir compagnie à la Sainte Vierge pendant ses couches. » Saint-Vincens, Notes sur Aix, mss. 1013, p. 934. — V. De Ribbe, *Les familles et la Société en France avant la Révolution*. Paris, 1873.

(2) Mémoires de Jacques de Parades de l'Estang (1642-1674). Musée 1875-76, p. 269. En 1665, les Etats votèrent 15,000 l. à d'Oppède, pour services rendus à la province. Registre des Etats aux archives des B.-du-Rh. C. 41 (1661-1665).

plus onéreux (1), pendant que d'un autre côté il veillait à ce que les finances de la province fussent employées, avec sagesse, à des œuvres utiles (2).

Le parlement avait donné assez de preuves de son esprit turbulent, pour que Colbert se défiât un peu de lui. D'après un ancien usage, lorsque le gouverneur s'absentait, le premier président, représentant le parlement, était de droit son remplaçant. Le parlement avait plusieurs fois joui de cette prérogative ; mais, en 1667, lorsque le duc de Vendôme, nommé cardinal, se rendit à la cour romaine pour recevoir le chapeau, il était à craindre que Colbert ne rompît avec la tradition. D'Oppède sauvegarda, dans la mesure du possible, les intérêts de la compagnie. Il se fit nommer commandant intérimaire, par un brevet spécial (3), et les esprit sages

(1) V. les procès-verbaux des Assemblées des communautés, aux Arch. des B.-du-Rh. et les Lettres de Colbert, publiées par M. Clément.

(2) Les Registres des Etats en fournissent la preuve : En 1669, il contribua à l'établissement du pont de bois entre Tarascon et Beaucaire. En 1668, on affecta une partie du droit sur le sel à la réparation des bâtiments de l'Université d'Aix. Le Bureau de Bourbon, organisé en octobre 1603, pour veiller à tout ce qui concernait l'Université, avait pour chef le premier président. *Henri d'Oppède* favorisa la fondation d'une chaire de botanique, et il obtint que les gages du professeur seraient pris « sur le fonds de la recette générale des gabelles de Provence. » Lettre à Colbert, Aix, 18 octobre 1661. Mélanges Colbert, 103, t. II, f. 678. Il nomma, en 1670, à l'une des chaires de théologie le savant Cordelier, le P. *Ant. Pagi*, que l'on eut le tort de remplacer, en 1674, sous prétexte qu'il avait été nommé contre les formes. V. Recherches sur Aix, mss. 1014, p. 981. Cfr. Archives des B.-du-Rh., B. 107, f. IX, provision de la seconde chaire de théologie dans l'Université d'Aix en faveur d'*Antoine Pagi*. *Bougerel*, dans ses Mémoires pour servir à l'histoire de plusieurs hommes illustres de Provence, Paris 1752, consacre une notice à ce savant (p. 260-291), et raconte ce fait avec des variantes. Ant. Pagi, né à Rognes en 1624, mourut à Aix, le 5 juin 1699. V. son portrait, *J.-G. Seillier Scaffusianus sculp.*

(3) En date du 6 mai 1667, enregistré à Aix le 21 du même mois. Le cardinal de Vendôme et le comte de Mérinville étaient absents à la fois, d'Oppède était investi de tous leurs pouvoirs.

pensèrent que, puisque le parlement ne pouvait exercer son droit que par commission, autant valait-il que cette délégation fût confiée au président d'Oppède qui, par son mérite, justifiait amplement le choix du roi.

Le cardinal de Vendôme revint à Aix, mais de moins en moins il s'occupa des affaires de la province, dont il se déchargeait sur d'Oppède. Il mourut le 6 août 1669, et fut remplacé par son fils, le duc de Penthièvre, qui avait la survivance de sa charge, depuis 1658, et prit le titre de duc de Vendôme. Il ne vint à Aix qu'en passant, et Henri d'Oppède, en l'absence du comte de Mérinville, cumulait tous les pouvoirs. Telle était son incontestable supériorité, qu'il n'était pas possible de contrebalancer son autorité en Provence (1).

IV

Au mois de novembre 1669, *François Adhémar de Grignan* fut nommé lieutenant général en Provence. Précédemment, depuis 1663, il était un des trois lieutenants généraux du Languedoc. Il venait d'épouser la fille de Mme de Sévigné (29 janvier 1669). Descendant d'une famille qui avait déjà donné des gouverneurs à la Provence, le comte de Grignan était le neveu de Fran-

(1) « On ne peut refuser à M. d'Oppède de grands talents et l'art de mener parfaitement les hommes et les affaires. Il avait de l'esprit, de la figure, de la souplesse et de la fermeté, l'ambition de dominer et les talents nécessaires pour cela, il était dévoué à la cour et à ses amis. Aucun de ses ennemis ne lui résista impunément, si ce n'est peut-être le cardinal Grimaldi; mais celui-ci se soutenait par son propre poids. Le premier président était encore plus italien que le cardinal. » Saint-Vincens, Notes sur Aix, mss. 1014, p. 970. Le cardinal Grimaldi, parent du président de Régusse, mourut en 1685, en grande réputation de sainteté. Ce fut lui qui fonda le grand séminaire.

çois de Grignan, archevêque d'Arles, depuis 1643, commandeur de l'ordre du Saint-Esprit, depuis 1661, et de Jacques de Grignan, évêque d'Uzès († 1674). Un de ses frères était coadjuteur d'Arles, un autre devint évêque de Carcassonne, en 1681. Il était bien apparenté, et fort bien vu à la cour. En Provence, il devait tenir son rang avec une magnificence qui le mena à une ruine complète (1).

A son arrivée à Aix, le 19 mai 1670, il fut mis en possession du gouvernement par Henri d'Oppède. Selon certains auteurs, celui-ci vit avec quelque chagrin le pouvoir lui échapper (2). Mais s'il n'avait plus de titre officiel pour l'exercer, il restait un personnage considérable, et son influence éclipsait celle du nouveau lieutenant (3). Il se montra, du reste, très grand

(1) Voir les Lettres de Mme de Sévigné, Ed. Régnier et la Notice biographique en tête ; l'*Histoire de Madame de Sévigné*, par Aubenas et la notice detaillée qu'il donne sur la famille de Grignan. Les lettres patentes du comte sont du 29 novembre 1669, enregistrées le 13 mai 1670. Cfr. *Frédéric Masson*, le marquis de Grignan, Paris, in-8°, 1882.

(2) Le comte de Grignan se rendit à Aix et à Marseille sans cérémonie : « On dit que ce fut pour ne pas déplaire, par la pompe de cette entrée, au premier président, qui fut obligé de lui remettre le gouvernement de la province, qu'il avait gardé depuis la mort du cardinal de Vendôme, et pour éviter aussi que le peuple ne fît voir, dans les acclamations de ces entrées, la haine qu'il portait au premier président, qui a beaucoup d'ennemis couverts, et que ces acclamations ne fournissent un sujet de jalousie et après de rupture entre ces deux puissances. » Mémoires de Jacques de Parades de l'Estang, *Musée*, 1875-1876, p. 276, année 1670. M. de L'Estang ajoute que, par contre, il fit deux entrées à Arles, la seconde « dès que le premier président fut sorti de la province pour aller à la cour. » Les *Annales d'Arles*, par J. Didier-Véran, nous apprennent qu'il y fit son entrée le 10 août 1670. Musée 1876-77, p. 62. D'Oppède partit au milieu de juin.

(3) Voici ce qu'écrit un contemporain du comte de Grignan : « C'est un seigneur fort agréable, qui a de belles mœurs, mais qui aime, à ce qu'on dit, ses plaisirs, et qui a peu d'inclination et d'application aux affaires et au gouvernement. Aussi s'aperçoit-on, soit dans les assem-

seigneur. Dans un voyage à Paris (1670), il vit Mme de Sévigné et la comtesse de Grignan. Il gagna leur confiance (1), et grâce aux sages conseils de Mme de Sévigné, le comte de Grignan ménagea prudemment les susceptibilités légitimes du premier président qui fut pour lui, au bout de quelques mois, un précieux auxiliaire. Ce n'était pas chose commode de bien gouverner, sans mécontenter la Provence, et de lui faire accepter les exigences fiscales du pouvoir. Le premier président était une puissance, et ce fut un trait d'habileté de la part du comte de Grignan de s'en faire un allié et même un ami.

L'évêque de Marseille, *Toussaint de Forbin Janson*, parent de Henri d'Oppède, devait acquérir une influence énorme sur l'assemblée des communautés, qu'il dirigea à sa guise, après la mort du premier président. C'était un esprit juste et fin, un caractère énergique et souple, aussi apprécié à la cour et par Colbert, qu'estimé en

blées de la province, soit dans les plus importantes affaires, que le premier président conserve toujours la substance du gouvernement, soit par la grande créance que la cour et le roy ont en son sçavoir faire, soit par la connaissance qu'on a de la force de son génie, ledit seigneur comte lui étant fort inférieur en cela...... » Mémoires de Jacques de L'Estang Parades. *Musée*, 1875-76, p. 276.

(1) D'après les délibérations du Parlement, Bibl. d'Aix, ms. 955, le président d'Oppède était encore à Aix le 4 juin 1670 ; il assistait à la délibération. Puis il n'en est plus question jusqu'au 18 août : ce jour-là, le Parlement lui écrit à Paris, au sujet du franc-alleu et du papier terrier, contre lequel la Provence proteste. Le 24 octobre 1670, d'Oppède écrit de Paris, sur ce sujet. Il n'y a pas de délibération du 16 janvier au 16 février 1671 : ce jour-là le président y assiste. Henri d'Oppède alla féliciter Mme de Grignan, après la naissance de son premier enfant : « M. le premier président de Provence est revenu exprès de Saint-Germain, pour faire son compliment ici ; jamais je n'ai vu de si grandes apparences d'une véritable amitié. » Mme de Sévigné à M. de Grignan, Paris, 19 novembre 1670, t. II, p. 15. Ed. des Grands Ecrivains de France, celle que nous citons toujours.

Provence. Le comte de Grignan soutint avec lui une longue lutte toujours courtoise, mais où le beau rôle resta à l'évêque, qui ne se départit jamais d'une politesse, d'une sorte de coquetterie que Mme de Grignan traite de « perfidie doucereuse (1). » M. de Grignan eut besoin de son concours, pour mener à bonne fin une négociation qui fut particulièrement laborieuse, et que le premier président n'eut pas le temps de terminer.

La tenue de l'assemblée des Communautés était toujours un sujet de préoccupation, car il fallait en obtenir le vote d'une contribution, connue sous le nom de don gratuit. Depuis plusieurs années ce vote était l'occasion de débats orageux. Déjà, sous Louis XIII, la Provence avait failli perdre ses Etats : Richelieu ne les avait maintenus qu'en amoindrissant leurs pouvoirs (2), et Louis XIV affectait à l'égard des Etats provinciaux — il y en avait dix-sept — un ton de maître, qui déplaisait fort en Provence, pays très fier de ses libertés. En 1664, les difficultés avaient été grandes : l'assemblée marchanda le chiffre de sa contribution et le premier président d'Oppède eut mille peines à l'amener à céder (3). Il s'agissait d'un don de 300,000 livres, somme énorme pour un pays épuisé. Quatre ans plus tard, nouvelles exigences du pouvoir royal, nou-

(1) Voir les lettres de Mme de Sévigné, qui ne cesse de recommander la modération à sa fille, un peu portée à tout brouiller.

(2) A parler rigoureusement, de 1639 à 1787, il n'y eut plus d'États proprement dit, mais des assemblées générales des communautés, qui pourvoyaient à tout et se tenaient ordinairement à Lambesc, petite ville à quatre lieues d'Aix, après convocation du gouverneur.

(3) Voir dans le Musée les appréciations sévères de M. de L'Estang qui critique « l'union étroite entre le gouverneur et le premier président, tous deux dépendant des passions des ministres et surtout de M. Colbert. » Musée 1875-1876, p. 268. Cfr. les Registres des Etats et les Lettres de Colbert publiées par *M. Clément*.

velle résistance des Etats, basée sur l'augmentation de la misère. Cette misère était réelle, paraît-il ; malheureusement la gloire se paie cher, et Louis XIV avait besoin d'argent. En 1670, les Etats accordèrent, après bien des réclamations, un don de 450,000 livres.

En 1671, la guerre de Hollande était décidée : Louis XIV demandait, pour la contribution de la province aux dépenses de l'année 1672, un don gratuit de 500,000 livres, que Colbert appelait « une somme bien raisonnable. » Tel n'était pas l'avis des Provençaux, qui prétendaient ne pouvoir être forcés à payer une contribution aussi forte. Le président d'Oppède, qui était encore à Paris en janvier 1671, en entretint Colbert ; mais dès le 27 février (1) celui-ci lui demandait d'user de toute son influence sur les prochains états, pour en obtenir la somme indiquée. Les Etats parlaient de 200,000 l. On était loin de compte, et Colbert maintenait le chiffre de 500,000 l. D'Oppède seul, avec l'évêque de Marseille, était en position d'amener les députés à obéir.

Malheureusement son état de santé laissait fort à désirer (2). Revenu bien portant de Paris, il tomba malade durant les vacations. Au mois de septembre, il allait mieux, mais il lui restait une grande faiblesse. L'ouverture des Etats fut retardée jusqu'au 25, puis jusqu'au 30 septembre. Encore fallut-il se passer de la présence du premier président. On s'occupa tout d'abord des comptes des procureurs du pays, puis le 6 octobre M. d'Oppède, après avoir fait l'ouverture du parlement,

(1) Lettres de Colbert, publiées par Pierre Clément, t. IV, p. 55. D'Oppède avait déjà informé Colbert de son arrivée en bonne santé. Il était donc de retour vers les derniers jours de janvier.

(2) En 1666, il avait été malade durant la tenue des Etats, ce qui fit suspendre les séances du 28 sept. au 7 oct. 1666. Voir Registres des Etats aux Archives des B.-du-Rh., C. 43 (1666-1668).

arriva à Lambesc et le lendemain il présida la séance des Etats (1). L'évêque de Marseille, l'évêque de Toulon Louis de Forbin, procureurs du pays joints pour le clergé, les procureurs de la noblesse et les délégués des communautés étaient présents. Henri d'Oppède prononça un discours, fit la demande du don gratuit au nom du roi et exhorta les députés à presser leurs travaux. Le 25 septembre 1671, Colbert lui avait écrit de ne pas prolonger les Etats plus d'un mois (2). D'Oppède était disposé à ne pas ménager ses efforts, pour arriver à

(1) Voir le procès-verbal original des États de Provence. Archives des Bouches-du-Rhône, C. 45, fol. 291 et sqq. Cfr. Lettre du comte de Grignan à Colbert, de Lambesc, 30 septembre 1671 : « La santé de M. le président d'Oppède ne luy permettant point de venir icy que dans les premiers jours de la semaine prochaine, j'ay cru ne devoir pas differer plus longtemps l'ouverture de notre assemblée... » Mélanges Colbert, vol. 157 *bis*, f° 593. Le 26 du même mois il écrivait déjà, de Lambesc : « Les indispositions de M. le président d'Oppède m'ayant obligé de remettre nostre assemblée au 25 de ce mois, je me rendis hier en cette ville, pour estre à l'ouverture que je feray lundy sans plus différer, quoique nous n'ayons icy que les députés des communautés, M. d'Oppède ne pouvant s'y rendre que dans les premiers jours du mois prochain pour faire la demande du don gratuit, à cause de la faiblesse que luy a laissé la maladie... » *Ibid.*, fol. 566. De son côté l'évêque de Marseille écrivait de Lambesc, le 7 octobre 1671 : « M. le premier président d'Oppède ne s'y est pas trouvé (à l'ouverture) par les raisons qu'il eut l'honneur de vous dire à Paris ; il a esté arresté à Aix pour faire l'ouverture du Parlement, il arriva hier icy et aujourd'hui il a fait les demandes de la part de S. M. » *Ibid.*, fol. 639. Il y a aux Registres des Arrêts du Parlement, un arrêt signé *Maynier*, du 5 octobre 1671. —C'est le dernier rendu par le premier président. Les vacations commençaient le 1er juillet et la rentrée du Parlement avait lieu le jour de Saint-Remi, 1er octobre. V. Bibl. d'Aix, ms. 955, Délibérations du Parlement : il y en a une du 5 oct., c'est la dernière où soit notée la présence du président qui partit le lendemain pour Lambesc, et ne revint sans doute plus à Aix.

(2) Lettres de Colbert, t. IV, p. 62. Colbert insistait sans cesse sur ce point, dans ses lettres au président d'Oppède et au comte de Grignan. Voir le vol. 157 *bis* des Mélanges Colbert.

ce résultat et à seconder de toutes ses forces le comte de Grignan et l'évêque de Marseille, dans cette tâche.

Mais ses forces le trahirent : le 13 et le 23 octobre il présidait les séances, dominant la maladie qui le minait, se traînant de son lit à la salle des délibérations. Sa santé était déplorable, mais on ne pouvait croire le dénouement fatal aussi proche. Le 25 octobre 1671, Grignan écrivait à Colbert que le président gardait le lit « depuis plus de quinze jours », mais qu'à présent il se portait mieux et que les délibérations allaient être plus actives. Le président était, en effet, l'âme des États.

Le mieux ne dura pas, le comte de Grignan fut obligé d'accorder 10 jours de congé aux députés, dans l'espoir que M. d'Oppède reprendrait des forces (1). Du 27 octobre au 9 novembre, il n'y eut pas de séances, les députés se séparèrent et les évêques allèrent passer les fêtes de la Toussaint dans leurs diocèses.

Colbert avait donné des ordres formels et le comte de Grignan prenait bien soin, dans ses lettres, de dégager sa responsabilité (2). Les députés revinrent bien dis-

(1) Voir à la Bibl. Nat., Mélanges Colbert, vol. 157 *bis*, fol. 693, une lettre du comte de Grignan à Colbert, de Lambesc, le 25 octobre 1671 (publiée par *Depping*, Corresp. adm. sous Louis XIV, t. I, p. 390). *Ibid.*, fol. 695, une autre du 27 octobre 1671, et fol. 725, une sans date, mais qui est des premiers jours de novembre 1671.

Le comte de Grignan, dans ses lettres officielles, ne paraît pas croire le président en danger. Son état inspirait cependant des craintes fort graves à Mme de Grignan, qui avait accompagné son mari, car Mme de Sévigné lui répondait, le 1er novembre 1671 : « Je comprends, ma fille, la crainte que vous avez de perdre votre premier président ; votre imagination va vite, car il n'est point en danger. » Édit. Régnier, t. II, p. 404. Le 22 novembre, Mme de Sévigné écrivait encore : « Je suis très affligée de l'état où vous me représentez votre premier président, c'est une perte considérable pour vous ; il faut que votre malheur soit bien fort pour tuer un homme de cet âge et si bien fait et d'une si belle physionomie. Si Dieu vous le rend, ce sera un miracle. » *Ibid.*, p. 418.

(2) Voir les lettres de Colbert et celles du comte de Grignan, 1671-

posés, mais le premier président, qui n'avait pu quitter Lambesc, avait été fort mal durant ces quelques jours. Néanmoins il fit un suprême effort, et, le 9 novembre, on le crut assez rétabli, pour reprendre les séances. Il y en eut deux, le 10 et le 11 novembre : ce jour-là le président eut une crise violente. Ce fut la dernière, et le 13 au matin, il expirait sans qu'on connût exactement la nature de sa maladie, que l'on traitait de bagatelle bien que le président eût, assure-t-on, le pressentiment qu'il n'en guérirait pas (4).

V

Le jour même, cette nouvelle fut transmise au Roi et à Colbert par le comte de Grignan, par les évêques de Marseille et de Toulon et par le fils du défunt. « Je viens de voir mourir M. le premier président d'Oppède, ensuite d'une maladie qui n'a pas esté connue en son commencement, et qui dans la suite a esté au-dessus des remèdes, c'est une perte très considérable pour les affaires du Roy, dans la Province. M. le comte de Gri-

1672. Nous ne pouvons les indiquer toutes, citons en particulier celle de Colbert, du 16 octobre 1671, qui est des plus formelles. Cfr. Lettres de Colbert, par M. Clément, passim.

(1) « Ce magistrat, après deux jours de maladie, mourut à Lambesc, le 23 novembre », dit Hesmivy de Moissac, mss. 902, p. 519. On ne se doutait pas de la gravité de son état. Henri d'Oppède était venu passer quelques jours au château de La Verdière, auprès de son oncle, dans la première quinzaine de septembre 1671. V. aux Archives de la Chambre de Commerce, B. B. 256, une lettre de lui, datée de La Verdière, 5 septembre 1671. Le 17 juin, il était à Marseille ; le 16 juillet, à Aix.

Un récit populaire, conservé par le président de Gaufridi, à la suite de l'oraison funèbre, atteste que Henri d'Oppède, en arrivant à Lambesc, se sentit frappé à mort.

gnan en donne avis à Sa Majesté et moi aussi pour demander ses ordres sur ce qui est à faire à l'Assemblée... (1) ». A cette lettre, M. de Forbin-Janson en joignait une autre, pour recommander le fils du président à la bienveillance de Colbert.

« Monsieur, nous venons de perdre M. le premier président d'Oppède : c'est une grande affliction pour cette province et le roy perd un serviteur fidelle. Son fils va, Monsieur, vous demander l'honneur de votre protection et il en a besoin. Vous avez toujours eu de la bonté pour le père, ayez la charité de la continuer pour le fils. M. le comte de Grignan vous envoie un courrier, par lequel nous vous écrivons l'état des affaires de notre assemblée, pour recevoir vos ordres, pour les exécuter ensuite avec exactitude et fidélité, et je suis toujours avec tout le respect imaginable, Monsieur, vostre très humble et très obéissant serviteur.

« *L'Évesque de Marseille.*

« A Lambesc ce 13 novembre 1671 (2). »

L'évêque de Toulon, Louis de Forbin, frère du premier président, écrivait de son côté :

« Monsieur, j'ay creu que la mort de M. le premier président de Provence, mon frère, estoit un sujet assez légitime, pour vous porter mes doulleurs, c'est un coup si fatal à toute nostre famille que j'ay esté persuadé que

(1) Mélanges Colbert, vol. 157 *bis*, fol. 748. L'évêque de Marseille à Colbert, Lambesc, 13 novembre 1671.

(2) Bibliothèque Nationale, Mélanges Colbert, vol. 157 *bis*, fol. 756.

Le comte de Grignan écrivait à Colbert, 13 novembre 1671 : « Vous aurez déjà appris par M. le Marquis d'Oppède la perte que nous avons faite de M. son père. La mort d'un homme aussi considérable et aussi nécessaire au service du roi qu'il l'était, ne peut point arriver sans affliger les véritables sujets de Sa Majesté. » *Ibid.*, fol. 750.

comme vous n'aviés point de serviteur plus dévoué, vous serez touché de la perte que nous avons faite. J'espère, Monsieur, qu'au souvenir du zèle qu'il a toujours eu pour le service du roy, et pour exécuter vos commandements, vous honnorerez de vostre protection le reste de cette famille dézolée, et qu'elle ressentira les témoignages de vostre bonté que vous nous avez départie si souvent, vous protestant, Monsieur, que mon zèle pour vous plaire et pour servir mon maître ne recevra jamais aucune diminution, par quel contre-temps qui m'arrive et que je seray toute ma vie avec un profond respect, Monsieur, vostre très humble et très obéissant serviteur.

« Louis, *évêque de Tolon.*

« Lambesc ce XIIIe novembre 1671 (1). »

Henri d'Oppède était emporté dans la force de l'âge, et on peut dire qu'il mourut sur la brèche, victime de son dévouement au service du roi et aux intérêts de la Provence. Une des dernières lettres qu'il reçut — si tant est qu'elle lui soit parvenue à temps — est une lettre de Colbert, datée du 6 novembre. Le ministre s'impatientait des lenteurs des Provençaux et semblait ne pas reconnaître les efforts du président :

« Le roy a été fort surpris d'apprendre que les députés des communautés se soyent retirés chez eux sous prétexte de festes, et mesme qu'en une négociation de trois semaines, vous n'ayez obtenu d'eux qu'une somme de 300,000 livres. Je dois vous dire que je crains bien que le roy ne prenne la résolution de licencier cette assemblée, sans rien prendre d'elle, Sa Majesté estant fort désaccoustumée, par la conduite des autres

(1) Bibl. Nat. Mélanges Colbert, vol. 157 *bis*, fol. 752.

Estats, de toutes ces longues négociations, pour une somme aussy modique que celle qu'elle demande à la province... (1) »

Dès le 13 octobre, le comte *de Grignan*, après s'être concerté avec l'évêque de Marseille, désigna M. *de Gérard* « homme intelligent et capable et qui a desja eu l'honneur de servir le roy dans un pareil employ », pour présider les réunions, en qualité de commissaire. M. *de Gérard* était avocat du roi au siège d'Arles, et c'est lui qui avait présidé la première séance tenue le 30 septembre, en l'absence du premier président. Quelques jours se passèrent dans un désarroi que l'on s'explique. Le corps du premier président fut déposé dans l'église de Lambesc, dans une chapelle ardente.

Enfin, le 17 novembre, les députés se réunirent sous la présidence de M. *de Gérard*. La plus grande partie de cette séance fut, comme il le convenait, consacrée au premier président. Voici, du reste, le procès-verbal que nous croyons devoir reproduire :

« Du dix-septième du mois de novembre 1671, pardevant Monsieur de Gérard, conseiller du roy en ses conseils, et son avocat au siège d'Arles, commissaire député par Monseigneur le comte de Grignan, pour la continuation de l'assemblée, à cause de la mort du seigneur premier président d'Oppède (2).

. . . .

« Le sieur de Juliannis assesseur a dit que l'assemblée venant de perdre le feu seigneur premier président

(1) Citée dans les Lettres de Colbert, t. IV, p. 64, en note.

(2) Abrégé des délibérations prises en l'assemblée générale des communautés de Provence, tenues à Lambesc les mois de septembre, octobre, novembre et décembre 1671 et janvier 1672, par authorité et permission de Monseigneur le comte de Grignan, lieutenant général,

d'*Oppède*, qui estoit son commissaire, et ayant perdu en sa personne un des plus grands génies et protecteurs de la Province, il semble qu'on ne peut ouvrir cette séance que par des discours lugubres, et par des sentiments de reconnaissance qu'on doit avoir pour sa mémoire ; qu'en effet elle ne pouvoit être qu'en perpétuelle vénération à la Province, pour tant de grandes et illustres qualitez qu'il possédoit et qui estoient avantageuses au public, ayant toujours très bien usé de l'autorité que le Roy luy avoit confiée, en telle sorte qu'il avoit bien souvent adoucy par sa prudence et par son addresse l'amertume des ordres fâcheux, et détourné plusieurs fois les coups fataux, qui eussent augmenté les misères et les calamitez publiques, qu'aussi on luy avoit souvent ouï dire, que quoy qu'il eût l'honneur d'estre le commissaire du roy, et qu'en cette qualité il feut obligé de relever hautement les intérêts et le service de Sa Majesté; néanmoins il se resouvenoit qu'il estoit nostre compatriote, et qu'ainsi il ne pouvoit pas manquer d'amour et de tendresse pour sa patrie, ny par conséquent d'inclination et de désir à luy procurer du soulagement quand il en avoit les moyens, et partant comme la Province avoit receu tant de témoignages de sa bonté et de sa protection en divers rencontres, l'assemblée ne pouvoit pas refuser à luy rendre ses derniers devoirs dans cette occasion, et de luy donner des marques de la vénération qu'on a pour sa mémoire ; mais d'autant plus qu'on a receu ce déplaisir de le voir mourir au milieu du service

commandant pour le roy audit Païs et par mandement de Messieurs les procureurs dudit Païs. A Aix, par Charles David, imprimeur du roy, du clergé et de la ville, in-4°, p. 17-21.

Voir le procès-verbal aux Archives de Bouches-du-Rhône, C. 45. Le discours de Julianis n'y est pas non plus cité textuellement, mais seulement analysé, fol. 303 verso. C'était toujours l'assesseur qui faisait les motions dans l'assemblée des communautés.

qu'il avoit dévoué au Roy et à la Province, c'est-à-dire qu'il est mort *pour obéir au Roy et pour luy donner les dernières preuves de sa fidélité, de son obéissance, de sa passion à son service,* et pour laisser à sa patrie ses derniers embrassements et les derniers témoignages de son amour et de sa tendresse ; c'est pourquoy il estoit du devoir à l'assemblée de délibérer à luy descerner des honneurs funèbres qui puissent répondre à la grandeur de son caractère, aux sentiments d'estime et de respect qu'on a pour sa vertu et pour son mérite extraordinaire, et à la reconnaissance qu'on doit avoir pour sa mémoire.

« Sur quoy l'assemblée voulant donner des marques des obligations infinies qu'elle avoit au seigneur premier président d'*Oppède*, dont elle conservera le souvenir pour sa famille, ne pouvant plus en produire envers sa personne, a délibéré qu'à sa mémoire il sera fait un service dans l'église parrossiale de ce lieu où son corps est en dépost, avec une chapelle ardente, oraison funèbre, musique et toutes autres démonstrations publiques, qui pourront témoigner l'amour et l'estime que le général de la province et les particuliers avoient pour ledit seigneur premier président d'*Oppède ;* combien on a sujet d'estre affligé de sa mort : Et le seigneur évêque de Marseille, procureur du païs joint pour le clergé en opinant, il a fait l'honneur à l'assemblée de luy dire qu'il espère que sa santé luy permettra de faire l'office pontificalement, si Monseigneur le cardinal Grimaldis, archevêque d'Aix, ou Monsieur son grand vicaire le permettent. »

Déjà le parlement d'Aix avait pris une décision relative aux devoirs à rendre à son chef. Le 14 octobre, le président de Régusse prit l'intérim, comme le plus ancien des présidents. Le 15 octobre, Madame la première présidente, qui était revenue exprès à Aix, avisa officiellement le parlement de la mort de son mari, et le lendemain, il y eut réunion plénière de toutes les chambres, pour délibérer sur l'ordre à garder, dans cette triste circonstance (1).

C'était la première fois qu'un premier président mourait à Lambesc, durant la tenue des Etats, et investi des fonctions de commissaire du roi. Le fait ne se reproduisit plus.

D'autre part, les premiers présidents du Parlement étaient morts, sauf le président de Foresta, en 1588, soit après avoir cessé leurs fonctions, soit loin de la ville d'Aix (2). Il n'existait, pour ainsi dire, pas encore de

(1) « Du 16 nov. 1671. Messieurs assemblés ayant été dit que les parents de feu M. le premier président désiroient parler à la Cour, sont entres MM. les conseillers de *Forbin*, A. de *Thomassin*, F. P. de *Valbelle* et de *Boyer* qui ont dit que Mme la première présidente d'Oppède faisoit sçavoir à la Cour la mort de M. le premier président et la supplioit de luy vouloir rendre les honneurs accoutumés ; de la bouche de M. le président de *Grimaud* leur a été dit que la Cour va délibérer sur les honneurs qu'on doit luy rendre. Mis en délibération, a été délibéré que M. le président de *Forbin* et M. de *Signier*, de *Saint-Marc*, d'*Antelmy*, de *Lubières*, de *Ricard* et de *Gauffridy*, conseillers, avec un des gens du Roy iront faire compliment et plaindre le deuil à Mme la première présidente dans sa maison, en cette ville, et ce fait, attendu que le corps de feu M. le premier président est exposé dans une chapelle de l'église du lieu de Lambesc, lesdits sieurs commissaires iront dans ladite église luy donner l'eau bénite, et étant de retour, la Cour faira faire un service où elle assistera en corps. » Délibérations du Parlement, Bibl. d'Aix, ms. 955. Le conseiller *Jean-François Gaufridi* est l'historien. Le conseiller *Vincent de Boyer* avait épousé, le 10 avril 1644, Madeleine de Forbin, sœur du premier président. (V. Livre de Raison, année 1644.) Il mourut peu après, et sa veuve fit construire, vers 1675, l'hôtel d'Éguilles sur les plans de Puget. Vincent de Boyer avait été l'héritier de Malherbe ; son fils J.-B. de Boyer, aussi conseiller (1645-1709), fut un amateur remarquable et réunit un véritable musée dans son hôtel Son fils J.-B. de Boyer, marquis d'Argens (1703-1771), fut l'ami du roi de Prusse et des philosophes. V. *Roux-Alphéran*, Les Rues d'Aix, I, 39-40. *Chennevières*, Recherches, t. I, p. 95-151.

(2) Jean-Augustin de Foresta, premier président depuis 1558, mourut

règles fixes à observer, et c'est aux funérailles de Henri de Forbin d'Oppède que Hesmivy de Moissac remonte, pour indiquer les cérémonies des funérailles des premiers présidents. Il copie presque textuellement le Registre des délibérations du parlement.

« Le 16 novembre 1671, les Chambres étant assemblées, l'huissier de service dit que les parents de M. le premier président souhaitaient de parler à la cour. Ensuite sont entrés MM. les conseillers de Forbin Sainte-Croix, de Thomassin-Peinier, de Valbelle et de Boyer, lesquels étant à leurs places ont dit que Madame la première présidente d'Oppède faisoit savoir à la cour la mort de M. le premier président son mary et la supplioit de vouloir luy rendre les honneurs accoutumés. Sur quoy a été délibéré qu'un de MM. les présidents à mortier, six de MM. les conseillers et un de MM. les gens du roy iroient faire compliment de condoléance à Madame la première présidente dans sa maison, en cette ville, et ce fait, attendu que le corps de M. le premier président étoit exposé dans une chapelle de l'église de Lambesc, où il était décédé, qu'ils se transporteroient pour luy donner de l'eau bénite, et étant de retour la cour feroit faire un service auquel elle assisteroit en corps (1). »

Cette délibération fut prise sous la présidence Charles de Régusse, qui survivait à son compétiteur.

Hesmivy de Moissac ajoute, dans le mss.902 (p. 519-520), que le service eut lieu dans l'église de Saint-Sau-

en exercice le 23 octobre 1588. Il était aussi chancelier de l'Université. On lui fit des obsèques solennelles avec oraison funèbre. Voir mss. 902 et 634, à cette date.

(1) Bibl. d'Aix, mss. 899, p. 47. Cérémonial du parlement, par Moissac, gros in-folio. Des funérailles des premiers présidents. Moissac reproduit presque mot pour mot ce passage, mss. 902, p. 519-520. — Cfr. mss. 904, Registres du parlement en abrégé de 1523 à 1671.

veur, paroisse du défunt, et que le parlement y assista en corps. C'était l'usage toujours fidèlement observé. Nous n'avons aucun détail sur cette cérémonie, qui ne se fit probablement qu'après celle de Lambesc (1).

Les délégués du parlement se rendirent dans cette ville pour la cérémonie des obsèques, fixée au 20 novembre 1671. Elle se fit au jour dit (2), dans l'église paroissiale de Lambesc, bien que le registre original des délibérations n'en parle pas. Ce fut Mgr *Toussaint de Forbin Janson* qui officia pontificalement en présence des députés des communautés.

Deux ans auparavant, le cardinal Louis duc de Ven-

(1) Les Registres du Parlement, ou du moins la copie qui existe à la Bibl. d'Aix et qui remplace les originaux perdus, ne parlent plus de ce service. Les Registres du Chapitre de Saint-Sauveur, conservés aux Archives des B.-du-Rh., présentent une lacune, car du 6 nov. au 25 nov. 1671, il n'y a pas de délibérations et pourtant le registre est intact. (Délib. capitul. du 21 déc. 1669 au 30 sept. 1673, nº 22). Au fol. 119, nous lisons : « Du mercredy vingt troisième décembre 1671 de relevé, assemblé en chapitre, Messieurs de *Cormis*, des *Martins*, *Aycard*, de *Michaelis*, d'*Arnauld*, de *Thomas*, administrateur, de *Mimata* et de *Sirijanis*, a esté proposé par le sieur administrateur que la chappittre avoyt délibéré de faire un service à l'occasion de la mort de feu Mons' le premier président d'*Opède*, et mesme faire sonner des grands clairs, et qu'ayant esté faict ensuitte ce, que les campaniers demandoyent d'estre payés. Sur quoy a esté délibéré que la sonnerie sera payée : De *Cormis*, des *Martins*, *Aycard*, de *Sirijanis* de *Cavaillon*. » Il n'y a rien autre chose sur ce sujet.

La délibération visée ci-dessus n'est pas au Registre, et rien ne nous indique ni la date précise de ce service ni même si ce service est le même qui fut commandé par le Parlement, ou s'il fut dû à l'initiative propre du Chapitre. Il est probable qu'il n'y en eut qu'un seul.

(2) Le 18 novembre, fut baptisé, en présence de tous les députés, le fils du comte de Grignan : Louis-Provence, que la Provence, représentée par ses députés, tint sur les fonts du baptême. V. l'acte signé de J.-B. de Grignan, coadjuteur d'Arles, qui donna le baptême, et de tous les députés, aux Archives du greffe d'Aix. Lambesc, Registre 1586-1659, peu après le mortuaire d'Henri d'Oppède. Cfr. Le marquis de Grignan, par Masson, Plon, in-8°, 1882. L'acte de baptême y est cité p. 20.

dôme, gouverneur de Provence, était mort à Aix (6 août 1669). Ses obsèques furent célébrées en grande pompe : son corps demeura déposé dans une chapelle ardente à Saint-Sauveur jusqu'au 18 septembre, où il fut transféré à Vendôme. Le 16 septembre, on fit à Aix « un service très solennel pour le cardinal de Vendôme, en l'église de Saint-Sauveur, toute tendue de noir, avec une fort belle chapelle ardente, élevée sur une estrade de six marches et éclairée de plus de 1600 flambeaux de cire blanche. La messe fut célébrée par le prévôt de ladite église, en présence du cardinal *Grimaldi*, nostre archevesque, et l'oraison funèbre prononcée par le P. *Amable de Riom*, pénitent de Tiers Ordre de Saint-François, gardien du couvent de cette ville : lequel satisfit beaucoup son auditoire, composé des compagnies souveraines, des autres magistrats, des procureurs du païs, des principaux de la noblesse et de nos consuls (1). »

Le même cérémonial fut observé, à peu de chose près, pour le premier président d'Oppède. Il n'y eut pas jusqu'à l'éloge funèbre du défunt qui ne fût prononcé, conformément à la délibération du 17 novembre 1671 (2).

Plus tard, lorsque des gouverneurs de Provence moururent durant la tenue des Etats, ceux-ci leur rendirent des honneurs identiques. Il nous reste plusieurs

(1) *Gazette de France* de 1669, n° 114, p. 948. Lettre d'Aix du 18 septembre 1669. Voir dans le numéro 101, p. 833, une lettre d'Aix du 10 août 1669, annonçant la mort du cardinal et donnant des détails historiques sur sa vie. La même année, le P. Amable, religieux de Picpus, prononça le panégyrique de saint François de Sales, lors des fêtes de sa canonisation au premier couvent de la Visitation d'Aix (couvent actuel des Ursulines, rue Mignet, cy-devant Bellegarde).

(2) En 1657, les Etats de Provence étaient réunis, lorsque mourut la duchesse de Mercœur. Ils décidèrent qu'un service funèbre aurait lieu dans l'église des Trinitaires de Lambesc, avec chapelle ardente ornée de quatre douzaines de cierges, aux armes du pays et oraison funèbre. Archives des B.-du-Rh. Registre C. 37, Etats de Provence, 1657-1658.

oraisons funèbres prononcées à Lambesc. En 1713, le P. *Saurel*, S. J., prononça celle de Louis-Joseph de Vendôme; en 1734, le P. *Sube*, minime conventuel, celle de *Louis-Hector de Villars*; en 1770, l'abbé *Chapus*, celle d'*Armand de Villars*; enfin, en 1782 l'abbé *de Thorame*, celle de *Louis Camille de Lorraine*, tous gouverneurs de Provence.

Elles ont été imprimées. Celle du cardinal de Vendôme par le P. *Amable*, de Riom, ne l'a pas été, que nous sachions, et celle du premier président d'Oppède est certainement inédite.

VI

L'auteur de cette oraison funèbre est peu connu. Il est appelé, dans la copie de la Bibl. d'Aix, le P. *Deverdi*, jésuite. D'accord avec le savant bibliographe de la compagnie, le P. *Sommervogel*, nous croyons devoir l'identifier avec le P. *Daverdy* (1), sur lequel nous avons quelques données. Les variantes orthographiques ne sont pas une difficulté, car on sait assez avec quel dédain l'orthographe était traitée au XVIIe siècle, surtout pour les noms propres.

Le P. *Pierre Daverdy*, S. J., était de la province de Lyon. Il enseigna la rhétorique au grand collège de la

(1) Cette identification ne souffre aucune difficulté. Un passage de M. de Saint-Vincens, dans ses *Notes historiques sur la ville d'Aix*, est absolument catégorique, à cet égard : « J'ai dans un mss. de ce temps-là, contenant quelques détails sur le Parlement, l'oraison funèbre qui fut prononcée lors de ce service, par le Père D'Averdi, jésuite. » Mss. 1014, p. 970. Le nom du Père jésuite est souvent écrit de cette façon, dans les mss. du temps, en particulier aux Comptes de la ville d'Arles et dans les pièces relatives au collège. V. aux Archives d'Arles.

Trinité de Lyon, en 1647. Ce fait nous est attesté par un discours manuscrit (in-4°, 25 p.) que l'on conserve à la Bibliothèque des Jésuites de Lyon, et qui est intitulé : *Panegyricus Villaregio Galliæ marescallo dictus in Rhetorica Lugduni, anno 1647* (1).

Le P. *de Colonia* qui a consacré, dans son *Histoire littéraire de Lyon*, une longue notice au collège de la Trinité et aux professeurs éminents qui y ont enseigné, ne mentionne même pas le P. Daverdy (2). C'est un oubli, du moins nous aimons à le croire, car *Joseph Séguin*, l'érudit auteur des *Antiquitez d'Arles*, fait grand éloge du P. *Daverdy* (3), qu'il put connaître et apprécier, car il était chargé de la sixième classe au

(1) Le gouvernement de Lyon semblait un fief de la famille de Neuville, qui fournit au moins trois gouverneurs. Celui dont on célébrait peut-être l'élévation à la dignité de maréchal de France, est Nicolas de Neuville, marquis, puis duc de Villeroy, né en 1597. Il obtint, en 1615, la survivance du gouvernement du Lyonnais que son père possédait depuis 20 ans. Il servit en plusieurs campagnes et reçut le bâton de maréchal, en 1646. Il fut, en 1661, nommé chef du conseil des finances et mourut le 28 nov. 1685, avec la réputation d'un parfait honnête homme. Il fut le père de François, duc et maréchal de *Villeroy* (1643-1730), si connu par ses échecs dans la guerre de la succession d'Espagne. Il était aussi gouverneur de Lyon, dont un autre Villeroy, Camille de Neuville, mort en 1693, était archevêque.

(2) Histoire littéraire de la ville de Lyon avec une bibliothèque des auteurs Lyonnois sacrez et profanes, distribuez par siècles. Par le *P. de Colonia*, de la Compagnie de Jésus. A Lyon, chez François Rigollet, libraire sur le quay des Célestins, au *Mercure Galant*, M DCC XXX, avec privilège du roy, t. II, p. 664-776. Le P. Dominique de Colonia, né à Aix le 25 août 1660, passa 36 années de sa vie à Lyon, où il mourut le 12 septembre 1741. V. dans les Mémoires de Trévoux, novembre 1741, une notice sur cet auteur.

(3) « Aux environs de Saint-Lucien, on voit l'église des RR. Pères Jésuites, qu'ils ont fait bâtir magnifiquement, avec un collège qui est à côté. Ce collège a été fondé par Messieurs les consuls gouverneurs de cette ville, qui ont dessein de le rendre quelque jour un des plus superbes de la province..... Le Révérend Père *Daverdy*, si fameux et si estimé par les admirables qualitez qu'il possède, et qui a l'avantage

collège d'Arles, dont le P. Daverdy était recteur, au moment où fut imprimé le volume en question.

Nous ne savons si *Séguin* n'exagère pas un peu le talent du P. *Daverdy* et nous ignorons à quelles prédications il fait allusion. En tout cas, il ne nous reste de lui que le discours dont nous venons de parler et l'oraison funèbre du président Henri d'Oppède. Cette dernière fut composée en trois jours, c'est donc une œuvre trop hâtive, pour qu'il soit permis de juger, d'après elle, de la valeur réelle de son auteur. Il ne fallait pas que l'orateur fût le premier venu, pour accepter un honneur si périlleux, avec quelques jours seulement de préparation. Le P. Daverdy devait être employé, à cette date, dans une des maisons que les Jésuites possédaient en Provence. En 1686, 1687 et 1688, il fut recteur du collège d'Arles, occupé par les Jésuites depuis 1636. Le *Journal de l'Oratoire* nous apprend qu'il prêcha dans l'église Notre-Dame la Principale, le panégyrique de saint Philippe de Néri, le 26 mai 1688 (1). Pour semblable fête, les Oratoriens faisaient ordinairement appel aux meilleurs prédicateurs du pays.

d'avoir prêché dans les plus célèbres chaires de ce royaume, avec un applaudissement universel, est aujourd'huy recteur de ce collège. »

Les Antiquitez d'Arles, traitées en manière d'entretien et d'itinéraire, où sont décrites plusieurs nouvelles découvertes qui n'ont pas encore veu le jour, par M. J. *Séguin*, D. E. D., à Arles, chez Claude Mesnier, imprimeur du roy, du clergé et de la dite ville, avec permission, 1687; 1 vol. in-4°, divisé en deux parties (56-48 p., sans compter les 20 pages de titres, dédicaces et pièces liminaires), première partie, p. 52. Joseph Séguin, baptisé à Lambesc, le 6 juillet 1643, prit ses degrés en droit avant 1671, nous ne savons en quelle ville, se fixa à Arles où il se maria en 1671, et fut chargé de la sixième classe au collège. Il mourut à Arles le 20 septembre 1692. Ce fut un érudit modeste et consciencieux, dont les travaux historiques et archéologiques sont encore très appréciés.

(1) *Journal de l'Oratoire*, Archives d'Arles, G.G. 69, à l'année 1688.

Le P. Daverdy mourut, à Lyon, le 7 mai 1695 (1). En 1671, il était dans la force de l'âge, car, s'il enseignait la rhétorique en 1647, il avait alors au moins 25 ans, ce qui lui donnerait une cinquantaine d'années, au moment où il fut appelé à prononcer, devant les Etats de Provence, l'éloge du premier président.

VII

Nous n'avons rencontré qu'une seule copie de cette oraison funèbre. Elle est dans le Recueil manuscrit de la Bibliothèque d'Aix, numéro 849 (2). Elle forme la pièce 46 de ce Recueil. Elle est écrite sur un cahier in-folio de 10 feuillets, dont le dernier est blanc, portant ce titre : *Harangue funèbre de Messire Henri de Forbin de Mainier, premier président du parlement de Provence, prononcée à l'église parrochiale de Lambesq, en présance de Messieurs des Etats*

(1) Nous ignorons où est né le P. *Daverdy*, et le P. *Sommervogel*, de l'obligeance duquel nous tenons plusieurs des détails ci-dessus, n'a pu nous renseigner. Il existe à la Bibl. d'Aix un recueil de pièces de théâtre, coté 28372, où se trouve le *Ballet de la Poésie*, dansé au collège de la Trinité de Lyon en 1700. Or, parmi les acteurs rhétoriciens, on lit le nom de *Clément Daverdy, de Lyon*. Serait-ce un parent du Jésuite ? Ne serait-il pas trop téméraire de conclure que le P. *Daverdy* appartenait à une famille lyonnaise ? D'autres prononceront. Il est à peu près certain qu'il n'était pas provençal : rien dans le discours que nous publions n'est de nature à le laisser supposer. Le nom de *Daverdy* ne se rencontre pas parmi les échevins, dont *Brossette* donne la liste, depuis 1294, dans l'*Eloge historique de la ville de Lyon*. J.-B. Girin, Lyon, 1711, in-4°. (Bibl. d'Aix, D. 3918).

(2) Au dos de ce Recueil in-folio on lit : Provence, Recueil de pièces R. R. Au verso du dernier feuillet de la pièce 46, on lit : « Harangue funèbre pour Monsieur le premier président d'Oppède. »

de Provance, par le R. P. Deverdi, jesuiste, le 20 novembre 1672, qui n'eut que trois jours pour se préparer. Il y a dans la transcription une erreur matérielle, c'est 1671 qu'il faut lire, au lieu de 1672.

D'après une note ajoutée par M. *Rouard*, au catalogue des manuscrits de la Bibliothèque d'Aix, cette copie serait de la main du président *Jacques de Gaufridi.* Un rapprochement entre l'écriture de cette copie et celle de quelques lignes tracées par Jacques de Gaufridi, au commencement d'une lettre fort injurieuse contre le duc d'Alais, gouverneur de Provence, et conservée à la Bibliothèque d'Aix, Recueil mss. 782, pièce 14, rend cette hypothèse assez plausible, pour que nous l'acceptions, après M. Rouard (1).

Jacques de Gaufridi, fils aîné d'Arnaud de Gaufridi et de Françoise de Pena, naquit à Aix en 1596. Il fut assesseur de cette ville en 1627 et en 1638. En 1641, il fut nommé président de la chambre des enquêtes, créée par le roi. Il fut plus tard (1648) président du parlement semestre, et soutint énergiquement, de concert avec le comte d'Alais, les droits de cette institution fort mal vue en Provence (2). Il partagea l'impopularité de ce gouverneur, qui a laissé de si fâcheux souvenirs.

Après la suppression du semestre, il se retira à sa campagne (le pavillon Gaufridi), aux portes d'Aix, près des Chartreux (aux environs de N.-D. de la Seds), où il vécut dans la solitude jusqu'à la fin de sa vie. Il

(1) Il y a dans le Recueil 849, pièce 8, un compte du trésorier d'Aix, *Arnaud*, pour l'année 1671, rendu en mai 167[illegible], dont l'écriture semble identique avec celle de l'oraison funèbre. Notre assertion n'est donc pas absolue, et les écritures peuvent se ressembler, sans que pour cela elles indiquent d'une façon indéniable communauté d'auteur.

(2) V. Histoire du parlement, par Moissac, mss. 902, p. 370, 401, 414 et 799, et les divers historiens de Provence.

mourut le 10 juillet 1684, et fut enterré dans l'église des Minimes, aujourd'hui N.-D. de la Seds (1).

Il avait épousé, en 1621, Françoise de Rabasse, fille du procureur général, dont il eut plusieurs enfants, entre autres Jean-François de Gaufridi, né le 13 juillet 1622, et pourvu en 1660 d'une charge de conseiller au parlement. Ses lettres sont du 26 avril 1660, enregistrées à la Chambre des Comptes le 27 juin 1660. (Archives des B.-du-Rh., registre B. 105.) J.-F. de Gaufridi épousa en secondes noces Anne de Grasse de Mouans, mourut à Aix et fut enterré dans l'église des Cordeliers, le 3 novembre 1689, chapelle de Saint-Antoine de Padoue. Il laissait en manuscrit une Histoire de Provence, pour laquelle il avait obtenu un privilège, le 6 septembre 1688. Sa veuve la fit imprimer : ce furent l'abbé de Gaufridi, son fils, Henri de Lombard de Gourdon et P.-J. de Haitze, ses cousins (2), qui surveillèrent l'impression, achevée le 31 décembre 1693. Cette histoire est assez peu estimée, bien que de Haitze prétende que Gaufridi a « mérité d'être pris pour le Thucidite et le Tite-Live provençal (3). » M. de Saint-Vincens reproche à Gaufridi d'avoir négligé de citer ses autorités, et la critique est très fondée (4).

(1) Voir son inscription funéraire, citée par Saint-Vincens : Notes sur Aix, mss. 1014, p. 996.

(2) Histoire de Provence, par Messire Jean-François de Gaufridi, chevalier, baron de Trets, conseiller du roy en la cour du parlement de la même province. A Aix, de l'imprimerie de feu Charles David, imprimeur du roy et de la province, 1694, avec privilège de Sa Majesté. 2 t. en un seul volume in-folio. Sur Henri de Lombard, V. notre ouvrage : L'Académie d'Arles au XVIIe siècle, t. II, 1887, p. 323-331.

(3) Bibl. d'Aix, mss. 628, Tables des Ecrivains Provençaux.

(4) Notes sur Aix, mss. 1014, p. 1022. Le Journal des sçavans, du 19 janvier 1699, p. 25-27, en fait grand éloge, mais il convient d'y apporter bien des réserves. Gaufridi était devenu aveugle les dernières années de sa vie.

Jacques de Gaufridi avait employé ses loisirs à des recherches historiques, et recueilli de nombreux documents, dont profita son fils. Il composa lui-même des écrits précieux sur les événements dont il fut le contemporain. D'Haitze (*ibid.*), dont le témoignage pourtant est suspect, l'appelle, « un sincère historien » et ses Mémoires sont assurément instructifs et curieux (1).

Jacques de Gaufridi était un amateur et un collectionneur : il n'est nullement étonnant qu'il ait cherché à se procurer l'oraison funèbre du président d'Oppède. C'était une pièce rare et qui offrait, pour Gaufridi, un intérêt d'autant plus grand, qu'il avait vécu côte à côte avec le président et avait été souvent en lutte avec lui.

Dans le catalogue des livres du cabinet du président Saint-Vincens, à Aix (2), on lit, folio 104 : « Oraison funèbre de M. le premier président d'Oppède, prononcée à Lambesc devant l'assemblée des communautés de Provence, au mois de novembre 1671. Cette oraison funèbre se trouve dans une histoire manuscrite du parlement de Provence, et tient depuis la page 88 jusqu'à la p. 101. » A la fin de ce manuscrit 1051, il y a une feuille

(1) V. La Biographie du président J. de Gaufridi, par M. Mouan, Aix imprimerie veuve Tavernier, 1852, in 8°, avec portrait. Cfr. Roux-Alphéran, *Les Rues d'Aix*, t. I, p. 47 et sqq.; t. II, p. 447 et sqq.

V. à la Bibl. d'Aix : Histoire de Provence sous le règne de Louis XIII, roy de France, et le ministère du cardinal de Richelieu, ensuite de la minorité de Louis XIV et le ministère du cardinal Mazarin, par Messire Jacques de Gaufridy, président au parlement semestre, mss. 625, in-4°.

Il ne faut pas confondre cet ouvrage avec le suivant, qui est intitulé : Mémoires du président de Gaufridy, dans le Recueil de J.-B. de Haitze, Bibl. d'Aix, mss. 736, deux cahiers. C'est la copie la plus complète. Il y en a une autre dans le Recueil mss. 800, et une autre dans le mss. 26 du fonds Roux-Alphéran, 311 pages in-folio, copie des XVIIIe et XIXe siècles. Enfin, au même fonds, mss. 62, il y a une autre copie de ces mémoires, mais incomplète. Ces mémoires vont de 1622 à 1666. L'impartialité en est souvent absente. Ils ont été imprimes, à Aix, 1870.

(2) Bibl. Méjanes, mss. 1051, in-folio.

volante, trouvée parmi les papiers de M. de Saint-Vincens, sur laquelle on lit : « Histoire du parlement. Cette histoire manuscrite, trouvée dans la bibliothèque de M. de Mazaugues, contient quelques détails qui ne sont dans aucune. On en ignore l'auteur. Voir p. 88 l'éloge funèbre prononcée, en 1671, après la mort de M. le premier président d'Oppède. Il n'est nulle part. Il a été prononcé en novembre 1671. On y voit les arrêts généraux, les noms des magistrats. Il y a à la fin, p. 122, un recueil des principaux arrêts de réglement donnés entre le parlement et la chambre des comptes, et entre les présidents et les conseillers. Cette histoire va jusqu'à la mort du premier président Henri de Forbin d'Oppède, mort à Lambesc en 1671. »

Au bas de cette feuille, le savant bibliothécaire M. Rouard (1792-1873) a inscrit cette note : « Je n'ai pu encore recouvrer le manuscrit auquel elle a dû être attachée. » Nous ne sommes pas plus heureux aujourd'hui, et ce manuscrit a échappé à toutes nos recherches. Il est pourtant assez minutieusement décrit, pour qu'on le reconnaisse. Il s'agit probablement de l'Histoire du parlement par *Guidi*, qui s'arrête en effet en 1671. Il y en a plusieurs copies à la Bibl. d'Aix. Le mss. n° 905 répond en partie au signalement, du moins quant aux matières qui y sont contenues. Mais l'oraison funèbre n'y est pas. On peut en dire autant du mss. 904, qui contient aussi l'histoire du parlement par Guidi (1). Mais

(1) Voici ce que contient le mss. 905 de la Bibl. d'Aix, gros volume in-fol., relié en peau verte :

Histoire du Parlement de Provence par Guidi (jusqu'en 1671), 177 p. — Suit : Arrêts généraux rendus en robes rouges, les chambres assemblées au Parlement d'Aix, p. 178-181. — Crues, 183-184. — Noms de tous les officiers du Parlement depuis son établissement jusqu'à présent, p. 185-202, etc., etc. Divers arrêts, p. 351-511. — Extraits d'une autre histoire du Parlement, p. 371-379 ; de l'affaire de Mérin-

là non plus, il n'y a pas l'oraison funèbre. Nous estimons que le manuscrit indiqué n'a pas dû entrer dans la Bibl. d'Aix, qui n'a pas, du reste, hérité de tous les manuscrits de M. de Saint-Vincens (1).

dol; justification de Jean Maynier d'Oppède. — Divers faits concernant l'histoire du Parlement jusqu'en 1674, p. 427-437. — Des affaires du Parlement avec la cour de Rome, le vice-légat et l'archevêque d'Avignon, p. 437-449. — Formulaire pour dresser les arrêts, p. 523-578. — Mémoire doctrinal accommodé à la jurisprudence française sur les décrets du concile de Trente de la Réformation. Table sur feuille volante de la p. 583 à la fin sans pagination. — Le ms. 904, in-fol. relié aussi en peau verte, contient : Histoire du Parlement de Provence, jusqu'en 1671, par Guidi. 149 p.; puis extrait fort abrégé des Registres du Parlement de 1523 à 1717 non chiffré ; puis différents arrêts du Parlement et autres pièces y relatives.

(1) En étudiant, d'une part, l'énumération de ces manuscrits dans le mss. 1051, p. 105 et suiv. et de l'autre le catalogue des manuscrits de la Méjanes, on constatera qu'il en manque beaucoup.

ORAISON FUNÈBRE

DU PREMIER PRÉSIDENT HENRI D'OPPÈDE

Le texte du manuscrit de la Bibliothèque Méjanes est loin d'être parfait. Il n'y a ni accents ni ponctuation : les mots se suivent, sans que rien indique la fin des phrases ou les alinéas.

Nous avons suppléé, en partie, à cet inconvénient. Quant à l'orthographe, on sait que les meilleurs écrivains du XVIIe siècle s'en souciaient fort peu, c'est dire que celui de notre copiste est ultra-fantaisiste. Néanmoins nous avons cru devoir le respecter, non pas certes à cause du travail qu'il aurait fallu pour le rectifier, mais dans la crainte d'ôter au texte sa véritable physionomie. Malheureusement nous craignons que, malgré le soin apporté à la correction des épreuves, il n'échappe quelques fautes typographiques, dans la composition de ce texte difficile. On voudra bien nous excuser.

Nous renvoyons à la fin diverses notes que nous avons cru nécessaires, mais dont nous ne voulions pas encombrer le corps du discours. Nons prions le lecteur de vouloir bien s'y reporter, ainsi qu'aux pièces justificatives.

A. J. R.

Magnus est judex et potens est in honore et non est major illo.

Ecclesiast. 10.

L'on a peu dire de lui c'est un grand magistrat et il s'est randu considérable par la gloire qu'il a méritée, il n'y a point de plus grand homme que lui.

Mon obéissance seroit une haute témérité, si elle n'estoit une obéissance aveugle que j'ai randue à ce illustre prélat (1) qui a faict un sacrifice à l'autel et qui me faict fere à la chere un autre sacrifice de la plus forte répugnance que j'aie heue en ma vie, lorsqu'il m'a obligé de parler presque sans préparation et de produire mes pansées dans le désordre, devant cet illustre lieutenant du roy et cette noble assamblée de MM. des Estats. S'il n'avoit heu le pouvoir de me commander et si son mérite ne m'avoit imposé l'obligation indispansable de lui obéir, je lui aurois repondu dans cette facheuse conjoncture avec autant de respect, mais avec bien plus de reson ce que Moyse (2) répondit autrefois à Dieu : *Ha, ha, ha, Domine, nescio loqui*, Ha, Monseigneur, je ne sçai pas parler que pour vous persuader qu'il faut me taire, épargnez vous, s'il vous plaict, le blame d'avoir fait un si mauvais choix et à moi cellui de débiter un si mauvais discours. J'aurois dict et j'aurois dict la verité, que mon insufisance ne me permetoit pas de former une juste production d'esprit en si peu de temps et que tout l'effort que j'aurois pu fere n'auroit servi qu'a pousser un avorton beaucoup avant son terme. Mais il a fallu fermer la bouche à toutes ces légitimes excuses et l'ouvrir par votre ordre à l'éloge funèbre du plus grand home de la robe dans sa province, sans autre espérance que d'acheter par ma confusion la gloire de vous obéir. Il faut néantmoins que j'advoue que la mesme chose qui a faict naistre ma répugnance, m'aide à la vaincre et que si la majesté de mon sujet m'a estonné, elle m'a donné du cœur, en me découvrant tant de beautés natureles que j'ai jugé qu'il n'y faloit point employer le fard ni l'artifice et qu'il suffisoit d'estre le fidèle historien de nostre illustre mort, pour estre son éloquent panegiriste. C'est, MM., ce qui me fait résoudre à vous montrer que l'on a peu dire de lui quand il vivoit : *Magnus judex et potens in honore et non est major illo*, c'est un grand magistrat, considérable par une double gloire, la première d'une vie civile et la deuxiesme d'une vie solidement chrestienne, ce sont les deux parties de mon éloge funèbre.

Trois grandes choses concourent à former la gloire de la vie civile : 1° une grande noblesse, 2° des grands emplois, en troisième lieu des grandes actions. Quant au premier chef, la noblesse est un écoulement de la souveraineté de Dieu, une participation de son indépendance et un caractère divin, par lequel l'on distingue les âmes vulgaires d'avec les héroïques. Je sçai bien que la vertu n'est jamais roturière, en quel état et en quelle condition qu'elle se trouve; néantmoins, si elle a le privilège de fere des saincts, elle n'a pas celui de fere des nobles. C'est le droit proprement d'un sang illustre. Nostre grand magistrat avoit souverénemant cet avantage; son arbre généalogique étoit un arbre de haute fustée et du bois dont on faict les cardinaux, les maréchaux de France, les chanceliers. Nostre illustre deffunt sembloit estre faict pour cet employ, il en avoit tout le mérite, et il en avoit le sujet d'en avoir l'espérance (3).

Palamède de Fourbin estoit un rameau de ce bel arbre, c'est ce Palamède moins ancien mais plus grand incomparablement que celui de Troye, dont le nom a plus faict de bruit dans nostre histoire, que celui du premier n'en ha faict dans l'histoire des Grecs; c'est ce fameux à qui *Louis onziesme* et ses successeurs sont redevables de la Provence, puisque ce feut par sa négociation et par son crédit que ce beau fleuron feut adjouté à la couronne de nos rois, aussi feut-il gouverneur et vice-roy si absolu de cette province, qu'il avoit faite françoise, qu'il pouvoit accorder des privilèges aux geans de mérite et des grâces aux criminels, ce qui est un droit tellement de réserve qu'il samble estre le caractère d'un souverain, qui ne le communique point à un sujet.

Il comptoit pour ses ancêtres quatre premiers présidents, dont l'un estoit *Jean de Meynier* (4) que l'on peut nommer le deffenseur de la religion, le protecteur de l'Eglise, le Matatias de la loy de grâce puisqu'il en avoit le zèle, et le martyr de la foi qui perdit, durant dix ans, à la Bastille, la liberté qu'il avoit ostée à la religion prétendue réformée à Mérindol, et qui s'ouvrit une prison, pour leur avoir fermé un temple, et sortit pourtant de ces ténèbres avec plus d'esclat et de gloire. Et parce qu'une étroite prison n'avoit nullement retraissi ni son grand cœur, ni son grand zèle, il monta d'abord sur le throsne, pour prononcer des arrêts contre ces rebeles en qualité de premier présidant, qu'il exécutoit lui-même en qualité de lieutenant de roy dans la province. Il en fit une si vigoureuse mais si severe persécution, qu'ils conclurent unanimant dans leur consistoire de ne recepvoir jamais dans leur réforme aucun de cette race. Aimable penne de fermer à cette illustre meson les portes de l'enfer, leur fermant celles de leurs temples, ou nul d'elle ne prétandoit jamais d'entrer que pour les en fere sortir, ou que pour les abatre. Ainsi si la province doit à l'un d'estre françoise, elle doibt à l'autre d'estre la province de France la moins infectée d'hérésie.

Je ne dis rien de ses autres ayeuls et de leurs mérites, soit que je parle à des personnes qui sont mieux instruites que moy, soit que je ne prétans pas tant fere l'histoire de la meson que l'éloge de la personne. Le plus glorieux de tous a esté, à mon advis, *Anne-Vincent de Mainier*, non point tant pour sa charge de premier président, que pour le bonheur d'avoir esté le digne père d'un plus digne fils. C'est ce fils qui heut pour mère Aimare de Castellane, de la branche de la Verdière, qui estoit une dame d'une si haute vertu qu'elle pourroit fournir une matière aussi ample qu'illustre, pour composer un livre de sa vie qui ne cederoit pas à celle de bien des saincts qui hont mérité l'honneur de la cannonisation. Elle a heu autant d'admirateurs que de tesmoins, mais elle ne treuvera peut estre jamais d'imitateurs (5).

Voillà, MM., les belles avances d'une illustre noblesse que la naissance avoit faictes à ce grand homme, dont je parle, et un chemin frayé pour le fere antrer aussitost à la gloire qu'à la vie. Neantmoins, il ne doibt que la moindre partie de celle-là à ses ancêtres qu'il a autant devancé en mérite, qu'ils l'ont devancé au tamps, puisqu'il a esté plus grand que ses ayeuls, à l'aage près.

Bien que cette portion de gloire soit domestique, et non pas estrangère qu'il a tirée d'eux, elle ne lui est pourtant pas propre ni personnelle, comme celle qu'il a tirée de la grandeur de ses amplois dans la vie civile.

Un ancien dit qu'un bon général d'armée doibt avoir passé, s'il se peust, par toutes les charges avant que d'arriver à la plus haute, qu'il doibt avoir esté soldat avant que d'estre capitenne et avoir apris longtamps à obéir avant que commander. Nostre grand magistrat a passé avec grand honneur par tous les grades de robe. Il a été gradué advocat, il a siégé après sur les fleurs de lis, il changea bien tost son bonnet de conseiller en un mortier de présidant, et d'une séance moins avancée, il est enfin parvenu par son mérite à la première. Sa charge lui fesoit honneur, mais il en fesoit encore plus à sa charge, il estoit plus digne d'elle qu'elle n'estoit digne de lui, il donnoit plus d'esclat à la pourpre qu'il n'en tiroit. Mais pour juger de la grandeur de ses amplois aussi bien que de la multitude, il sufira de dire qu'il a uni en sa personne tout ce qu'il y a heu de grand et de glorieux dans la province. L'on pourroit dire de lui, avec quelque proportion, ce que St Jean Chrisosthome a dict de St Pol : *Omnem hominem exhibebat*, dès que lui seul pour servir son maistre estoit tout, confesseur, docteur, évangéliste, apôtre, qu'ainsi l'on pouvoit dire de nostre incomparable magistrat : *Omnem hominem exhibebat regi*, qu'il estoit dans la province pour le service du roy et qu'il avoit tous les grands et importans amplois. Il estoit premier pr., il fesoit la fonction d'un intandant, il estoit le chef des Estats et homme du roy dans la province, il a esté commandant et reconnu pour tel par les corps souverains, c'est à dire que du gouvernement il en avoit la charge et non pas le nom, l'authorité et non pas le tiltre; enfin le pouvoir le crédit, même l'honneur, mais non pas la qualité, et quoique ce soit an l'absance de celui qui estoit pourvu de ce gouvernement, j'ose dire que l'amitié entre ce bon prince et nostre illustre magistrat estoit si forte qu'elle randoit ce noble employ commun à deux : le président acceptoit pour soi la charge de l'honneur et laissoit à son éminent ami l'honneur de la charge ; pour soi la peine, pour lui les advantages, ou si vous aimés mieulx disons que comme l'amitié metoit deux âmes dans un cœur, elle metoit aussi deux testes dans un bonnet et que si le président avoit le cœur du cardinal (6), le cardinal avoit la teste du président, du moins qu'il en fesoit l'ange de son conseil, *omnem hominem exhibebat regi*. Il est donq vrai que dans le pais il a heu tous les honneurs de la vie civile, autant par la grandeur que par le nombre de ses amplois.

La raison de cella, Messieurs, est qu'il estoit capable de tout et qu'il estoit nai pour les grandes choses. C'estoit un homme merveilleusement bien faict qui payoit bien de sa mine et de sa personne, vous sçavés par la veue de l'original ce que je ne sçai que par la veue de ses copies, vous avés vos yeux pour témoins là où je n'ai que mes oreilles, mais je ne veux pas louer un grand homme de ce qui faict la louange aussi bien que la vanité d'une fame, disons donq que Dieu avoit mis dans un beau corps un esprit encore plus beau, qui lui donnoit un fonds merveilleux pour toutes les grandes choses. Les filosophes disputent s'il est en partie des hommes comme des anges, s'il y a du moins quelques âmes de différante espèce, puisqu'on voit tant d'espris de differante élévation. Ce n'est ni le lieu ni le temps de décider cette question, mais celui dont je parle seroit capable lui seul de preuver l'affirmative aux adverseres, s'ils connoissoient combien son esprit estoit au-dessus du commun.

Premièrement, il l'avoit cultivé par l'étude autant que ses occupations le lui permetoient, il avoit une parfaite connoissance de l'histoire. Par cet advantage, il estoit de tous les tamps et de tous les païs dans la conversation des sçavans. Il estoit merveilleusement instruit de toutes maximes de la politique, il s'estoit rendu fort intelligent dans sa charge, et joignant la sciance du cabinet à la pratique du barreau, son esprit avoit des pénétrations au delà du comun; dès qu'on lui monstroit la face d'une affere, il en voioit le fonds, il avoit un esprit de lumière qui donnoit du jour aux choses les plus obscures, un esprit d'ordre et de méthode qui demesloit quelquefois des qualités qui se treuvoient dans un procès et qui demesloit en peu de mots un cahos de choses, à proportion comme Dieu, si je l'ose dire, débrouillia celui du monde par une parole. Après il prononçoit avec tant de majesté que jamais homme ne le fit mieux. Mais ce qui estoit son fort est qu'il avoit l'ampire des esprits.

L'on a dit que le génie d'Auguste le soubmetoit à celui d'Anthoine et qu'il avoit un ascendant sur tous les autres. La théologie anseigne que les inteligeances inférieures sont subordonnées aux supérieures et qu'elles en reçoivent les irradiations, et moi je n'aurois point de la penne à croire que l'esprit de ce grand homme estoit du premier ordre et d'une plus haute hiérarchie que celui du comun, qu'il fesoit part de ses lumières aux plus esclairés, qu'il les soubmetoit aisement, sans contrainte et fesoit donner dans le sans qu'il vouloit sans violance : il avoit l'ampire des esprits parce qu'il avoit l'ampire des cœurs, non par force mais par une adresse aussi noble qu'elle estoit spirituele. C'estoit par le mesnagemant des volontés et par le beau tour qu'il donnoit aux choses et particulièrement par une grâce incomparable a tout ce qu'il disoit ou fesoit, c'est par elle que tout lui seyoit si bien, soit qu'il fit le président au parlement, le courtisan à la cour, le cavalier avec les capitennes, soit dans les jeux, les divertissemens et les conversations ; c'est cette grâce qui le rendoit eloquant de tout lui-mesme, un geste, un regard, son silance parloit eloquamment d'un langage que le cœur antandoit d'abord et si randoit.

Un ancien a escrit qu'Aristote avoit beau donner dans la rethorique des preceptes pour fere un eloquant, qu'il ne le formera iamais, si ses estoiles ne lui ont donné un favorable aspect dans sa nessence, qu'Aristote sans les estoiles ne peut rien, que les estoiles sans Aristote peuvent tout, cest a dire que la nature contribuent (*sic*) bien plus que l'art a fere un orateur.

Il faut avouer sans fere l'horoscope de nostre illustre presidant que son estoile en avoit formé un eloquant achevé par nature. Je ne parle seulemant de cette eloquance estudiée qui vous charmoit dans le palais, autant de fois qu'il haranguoit et qu'il en fesoit l'ouverture, mais de celle qu'il avoit sans artifices à toutes choses. Je parle de cet art de s'insinuer dans les cœurs, de gaigner lesprit par sa volonté : c'estoit une certenne grace qu'il avoit a dire les choses qui le randoit victorieux. Un autheur de ce siècle a dit autant agreablemant que spirituelemant que lorsque les huguenots voioient M^{r}. de Guise ils estoint de la Ligue, ils n'estoient plus ses ennemis, tant qu'ils le voioint, leur cœur trahissoit leur raison ou du moins leur parti. De loin ils pouvoint bien resister a ses armes, mais non de pres, il ne leur estoit pas possible de se deffandre de ses charmes. Nous en pouvons dire de mesme de nostre illustre mort : quand il vouloit quelque chose il n'avoit qu'a se fere antandre ni presque qu'a se fere voir, apres cela il faloit se randre. C'estoit la force de cette merveilleuse grace et un certain air charmant qui conqueroit les cœurs et qui leur ostoit sans contrainte la liberté de lui resister, c'estoit la tirannie de son merite ou d'un ie ne scai quoy qui gaignoit l'esprit, je ne scai commant mais ie ne scaurois pas le dire, il sufit qu'il le gaignoit. Pour preuve l'on voioit quelque fois a sa porte de geans de tort mauvoise humeur, qui portoint leur plainte sur leur front, qui antroint avec un air delibere de fere esclater leur chagrin de leur cœur par leur bouche. Il commandoit qu'on les fit antrer dans le cabinet, sil pouvoit il les paioit de bon effet, si les conionctures du temps lui ostoint les moiens d'an user ainsi, il leur iettoit une œillade, il leur disoit un mot : des lors ils n'estoint plus venus pour lui rien demander, mais bien pour lui offrir tout ce qui dependoit d'eux. Ie ne scai s'il leur parloit d'or, mais ie scai bien qu'ils estoint paiés et contans au dela. C'estoit le faict de cette tirannie du ie ne scai quoy qui ostoit le pouvoir de se deffandre aux ames les plus roturieres, dans une matiere la plus delicate de toutes qui est l'interest; juges par la de son pouvoir sur les ames qui n'estoint pas vulgaires, sur qui ses charmes pouvoint bien fere de plus fortes impressions.

Anfin, Messieurs, tout ce qu'on a iamais dict par flaterie d'un esprit bien torné en general et qui a heu du pouvoir infinimant a persuader, c'est ce que l'on peut dire avec autant de verité que de justice de l'esprit du grand personage dont ie vous entretiens. Or, Messieurs, c'est ce beau fonds d'esprit accompagné de cette grace charmante et d'une nessance illustre qui lui avoint faict meriter tous les plus grands amplois de la vie civile dans la province, mais ce qui acheve sa gloire, dans ce genre de vie, ce sont ses incomparables actions. Oui, Messieurs, les grandes actions font les grands hommes et les grands hommes font les grandes actions. Vostre illustre a heu l'honneur den fere de cette nature, soit dans sa bonne soit dans sa mauvaise fortune. Il samble qu'il n'est point d'action plus propre dans la vie civile que celle de la civilité. Iamais homme n'eut plus d'honesteté que lui pour toute sorte de personnes. C'est quelque chose de grand de se fere petit par bonté, avec ceux qui sont petits par leur condition. Il est des magistrats qui ont du faste sans grandeur, lui au contraire avoit de la grandeur sans faste, il scavoit s'eslever avec les grands sans orgueil, et avec les petits il scauoit descendre sans bassesse; il ne feut iamais d'homme plus humain que lui. Quand il trouvoit dans son logis une foule de monde qui l'attandoit, s'il avoit une fois apris leur nom il ne le leur faisoit iamais decliner par la bouche : pour peu qu'ils se feusent expliqués a lui de leurs afferes, ils les demesloit tous les uns apres les autres de la multitude. Il touchoit en peu de mots le fonds de la difficulté, pour leur fere antandre qu'il avoit leur interect a cœur, aussi bien que leur souvenir dans sa mémoire.

Mais les eclatantes et les essentieles actions de sa vie civile sont celles qui regardent le service du roy. On peut metre en ce nombre la negociation qui mit Sa Majesté en possession de la ville d'Avignon et de tout le Comtat (7). On peut apeler cella une conqueste sans combat, comme on le peut nommer un capitenne a longue robe et l'on peut adiouter que le roy fit plus par sa bouche qu'il n'auroit faict par celle de ses canons, puisque ceus ci auroint peut estre faict breche a la clemance du roy, an fesant breche aux meurs de cette belle cité, au lieu que nostre conquerant antra par le cœur de tous les citoiens dans le cœur de leur ville.

S. M. apres cette action lui fit escrire une lettre si obligeante, que le secretere adiouta qu'il ne lui conseilloit pas de la fere voir au Vatican, et que ce ne seroit pas un bon tittre, pour en obtenir des indulgences. Mais pourquoy chercher des actions particulieres pour appuier la verité que i'ai avancée ? il sufit de scavoir ce qu'il repondit, dans cette ville, a ceux qui lui parlerent de changer d'air. Non, dit il, le roy mi a mis, ie veus demeurer et mourir dans le service, comme iy ai vescu. Ce sont ses belles actions qui lui ont merité une estime toute particulière de Sa Majesté et un adveu du plus fier, aussi bien que du plus grand de tous les souverains, qu'il lui estoit redevable.

Voicy les propres termes avec lesquels il le lui temoisgna, dans le dernier voiage qu'il fit a la cour. Monsieur d'Oppede, ie suis confus que vous aiiés tant faict pour moy et que ie n'aie ancore rien faict pour vous. Ne me demandés rien, parce que je me reserve la satisfaction de vous prevenir dans vos demandes et mesme de les surpasser. En suite il lui accorda fort agreablement la dispanse de l'eage pour M. son fils, faisant connoistre aux seigneurs qui estoient presants que les faveurs ne tiroint point en consequance parce qu il le distinguoit de tous les autres (8).

He bien, Messieurs, cette obligeante confusion, cette grace sans conséquance aussi bien que sans example, cette agreable deffance de solliciter sa récompanse,pour ne lui oster pas le plaisir de s'en estre mis le premier en soin, ne sont-ce pas des temoignages invincibles de ses belles actions et de ses services importans que nostre illustre decedé avoit randu a Sa Majesté ?

Mais tornons la medaille pour en considérer le revers, nous serons convaincus que s'il a esté moins heureux dans sa mauvaise fortune, il n'a pas esté moins glorieux dans ses belles actions. Sa vie faict une admirable perspective, ou des differans points de veue l'on decouvre bien des differantes choses mais de tous les androits il paroit grand. Un nain eut il pour pied destail une colonne, est tousiours un nain, comme au contraire un geant feut-il dans un abisme n'est rien moins que géant. Cellui la n'a pas plus de taille quand il a plus d'elevation, et cellui ci n'a pas moins d'hauteur quand il est plus dans l'abaissemant. Vous comprenes asses ce que je veux dire du grand homme dont je parle. Comme il n'a jamais esté insolant dans sa prosperité, il n'a iamais aussi esté abbatu dans l'adversité. Il a conservé dans les imminans perils de sa vie une fermeté d'ame qui montroit bien que la sienne estoit heroïque. Si ie ne craignois de reouvrir de vieilles plaies qui sont cicatrisées depuis long tamps et de les fere encore seigner, ie rapelerois dans vos souvenirs l'estrange conjoncture dans laquelle ses amis le conjurerent d'évader le palais par une fausse porte, pour se desrober a la fureur de ceux qui, dans un amportemant, venoint a lui, affin de fere rougir sa pourpre dans son sang. Vous scavés ce qu'il repondit : Non ie veux mourir a la place ou le roy m'a mis. En effet il y demeura avec un courage qui l'osta a ses ennemis. Je scai qu'estant malheureusemant engagé dans la foule des seditieux qui estoint aux termes de lui plonger le poignard dans le sein, cet intrepide fit paroistre sur son frond une certaine magesté, une douce fierté dans son port et une grace si charmante dans ses paroles, qu'il fit presque, comme l'eloquant Anthoine, tomber les armes des mains de ceux qui le venoint assassiner. Cella me fait souvenir des senateurs romains qui parurent avec tant de majesté sur leur throne d'ivoire, quand les Gaulois entrerent dans Rome a main armée, qu'ils suspendirent bien de tamps leur fureur par la veneration qu'ils leur imprimerent dans l'ame. Ainsi nostre heros donna l'estonnemant a ceux qui lui devoint donner de la crainte et arresta ces amportés, autant par le respect de ses merites comme par l'admiration de son grand cœur. Il faut conclure de mon resonemant que soit que nous considerions les advantages d'une illustre naissance, soit la grandeur et la multitude de ses amplois soutenus par un grand fonds d'esprit, soit anfin ses belles actions, dans la bonne ou mauvaise fortune, il a par ces trois chefs ramporté une parfaicte gloire de la vie civile. J'adjoute ancor qu'il a heu celle d'une vie solidemant chrestiene et c'est ma seconde partie.

Ce n'est pas tout et mesme ce n'est rien d'avoir merité l'estime des hommes, si l'on n'a pas merité l'estime de Dieu. Les charges et les dignités de cette vie civile ne font pas de bienheureux apres la mort et font souvant des malheureux pendant la vie. Elles peuvent former un grand magistrat mais elles ne scauroint fere un solide chrestien. Ce doit estre l'ouvrage des vertus chrestiennes, comme il a esté en celui dont je vous fais l'esloge. C'est ce que je vai vous montrer soit en sa vie soit en sa mort. Je découvre dans sa vie quatre vertus chrestiennes qui sont comme les quatre roues du char qui l'a eslevé à la gloire : la première estoit une grande douceur, je ne parle pas de celle qui estoit plus tost l'ouvrage de la nature que l'effet de la grace, qui doit plus au plegme qu'a la vertu, qui se treuve en des personnes bien plus pesantes que prudes, en des ames plustost moles que douces, dont la pituite esteint le feu de la cholère aussi bien que le feu de l'esprit.

Je parle de cette douceur qui estoit en lui une égalité d'ame qui n'estoit jamais altérée des mouvements de la colère, qui lui donnoit la régence sur cette passion et le pouvoir d'an retenir les saillies, que dis-je, d'éviter mesme les premières surprises qui se dérobent à la raison, c'est-à-dire qu'il avoit par vertu l'empire de son cœur, comme il avoit heu par le charme de son esprit l'empire sur le cœur des autres. C'est une vertu digne des grandes âmes : comme les orages et les tampestes ne s'eslèvent jamais que dans la basse ou la moyenne région et nullemant dans la supérieure, c'est une vertu sommèrement chrestienne que nostre mestre nous est venu enseigner : *Discite quia mitis sum et humilis corde.* Il s'estoit randu scavant dans cette leçon, la preuve que j'en vais donner est une louange aussi grande qu'elle est rare : je l'advoue sur la foi des personnes qui l'ont conversé et estudié bien longtamps. On n'a jamais remarqué en lui le plus léger emportement. Est-ce que les geans de service n'ayent jamais fait des fautes assez considérables, pour alumer sa bile et pour arracher de sa bouche au moins quelques injures ? Est-ce que parmi une foule de monde qui sollicitoint leurs afféres, il ne fut jamais indiscret qui ou par de fâcheux contretamps ou par des longueurs importunes et par des annuyeuses redites, ou enfin par son peu de raison ne peut fere échaper la patiance à l'homme du monde le plus doux et le plus désoccupé ? C'est peut être qu'il ne s'est jamais rencontré des insolans, qui par leurs brusqueries aient mérité sa juste indignation ! Vous jugés bien, Messieurs, que toutes ces occasions non seulemant ne lui ont pas manqué, mais mesme qu'elles ont été fort fréquantes; mais vous jugés bien que la modération, dans toutes ces conjonctures, a esté un pur effet de sa vertu et de cette esgalité d'ame qui demeuroit toujours dans son assiete et qu'il souffroit toutes les faiblesses des autres et qu'il n'en avoit point, que s'il estoit mestre des premières saillies qui échapent ordineirement à nostre liberté, n'avons-nous pas bien plus juste sujet de croire qu'il estoit encor bien plus mestre des seconds mouvemens et de toutes les autres passions qui sont moins brusques et moins promtes que la colère.

La deusiesme roue de son char de gloire, j'antands la deusiesme vertu chrestienne, estoit une solide piété. C'est une roue composee d'autant de rayons qu'il en a faict d'actions, qui aboutissent toutes au mesme centre qui est Dieu. Premierement, il avoit un religieux respect pour toutes les choses que l'eglise révére, come pour les sainctes reliques qui ne sont que trop souvant le sujet de la raillerie de nos libertins, aussi bien que du mespris des heretiques, et pour tesmoigner l'estime qu'il en fesoit, il en portoit tousjours sur soi, non seulemant comme des divins talismans capables de le guarantir de bien des maux mais aussi comme des marques de sa foy. Il antandoit ordinerement la messe, il n'en pouvoit estre ampesché que tres raremant par la foule des affaires pressantes : en ce cas il quitoit Dieu pour Dieu, cest a dire pour le prochain, mais il l'antandoit avec bien de devotion.

Des personnes ont veu souvant que lors qu'on eslevoit la saincte hostie, pour s'abaisser davantage devant son mestre et l'adorer avec plus de respet, il ostoit un peu auparavant son carreau de dessous ses genoux. Il communioit les principales festes de l'année et nommemant à toutes celles de la saincte Vierge, dont il estoit especialemant le devot : c'est a son honneur qu'il ieusnoit immancablemant tous les samedis de l'annee. Tous ces beaux santimans, ces actions de pieté font bien voir qu'il avoit un cœur veritablemant et solidemant chrestien (9).

La troisiesme roue de son char de gloire feut la misericorde envers les pauvres. Il n'accomplissoit pas seulemant le precepte de ne faire point du mal a son prochain, mais il gardoit le conseil de lui fere du bien. C'estoit une vertu en lui hereditere de madame sa mere, mais qu'elle avoit portée à un degre héroïque. J'en veus conter un traict. Ce fut une belle debauche qu'elle voulut fere le caresme prenant et que je tiens des personnes qui l'ont apris de son directeur de conscience. Elle prit pour sa compaigne une jeusne dame son aliée et lui dict qu'elle vouloit luy procurer du divertissemant du carneval et luy fere un fort bon regale. Elle la conduisit non pas dans une sale de bal ni dans une ruele ou dans une alcove, mais dans le recoin d'une meson a demi ruinée ou une pauvre fame estoit estandue sur un peu de paille. C'estoit un cadavre vivant, un corps pourry, dont elle mania un supurant ulcere qui heut faict pasmer sa noble compagnie, si elle n'eut detourné sa veüe et fortifié son cœur par quelques essances qu'elle avoit. Je ne scai si je doibs achever le reste, jai crainte de vous fere souslever l'estomac et que vous n'ayés pas seulemant le courage d'entandre ce que cette saincte heroïne heut bien le courage de fere, c'est Messieurs, qu'elle se masqua du viel et fumant amplastre qu'elle avoit levé de dessus l'ulcere, ce feut une mascarade de carneval qui donna autant de joye que d'admiration au ciel : *Ab uno disce omnes.* Par la, elle renouvella l'action heroique de nostre St Xavier dans l'hospital des Incurables de Venise, comme dans une autre rancontre elle renouvella la charité de St Martin, lorsqu'elle donna sa propre jupe a une pauvre fame. L'Hostel Dieu estoit sa meson et sa meson estoit un Hostel Dieu, puisque lorsqu'elle n'estoit pas a l'eglise ou elle estoit a la meson des pauvres ou les pauvres estoint a sa meson. Après cella ne pouvons nous pas dire que nostre illustre mort avoit esté formé dans les entrailles de la misericorde, quand il avoit esté formé dans celles de sa mere qui lui donna un cœur tandre a la misere des pauvres qui se presantoint a sa porte ? Les religieus mandians pouvoint compter sur ses liberalités comme une rante fixe. C'estoit une cense que sa charité leur fesoit toutes les sepmaines. *Manus ejus tornatiles,* ses mains estoint faictes au tour, elles ne pouvoint rien retenir, il estoit liberal presque iusques a la prodigalité, c'est a dire vertueux presque jusques au vice puisqù'il aprochoit de l'excès.

Le soin qu'il avoit encore de fere bien assister tous ses domestiques et ses geans de service dans leurs maladies, de leur procurer le secours des medecins et de tous les officiers necessaires pour leur randre la santé, estoit un effet de sa charité bien reglée qui devoit estre encore plus grande pour ses domestiques que pour les estrangers (10).

La quatriesme et la derniere roue de son char de gloire est celle du pardon des ennemis. J'ai dict qu'il avoit un tres grand esprit et i'ai dict vrai, i'adioute maintenant qu'il avoit un tres grand cœur. Je ne scai si celui la estoit mieus torné ou celui ci plus généreus, mais je scai bien que l'un et l'autre estoit incomparable. Son esprit lui donnoit l'ampire sur les autres et son cœur lui donnoit l'ampire sur soi mesme et sur la passion qui faict la plus forte impression sur l'ame des personnes d'honneur, j'entands la vangeance : rien ne les retient ordinerement que l'impuissance de l'exercer, ancore leur force ne s'estant pas iusques a pouvoir fere de necessité vertu. Nostre genereux offancé avoit le pouvoir en main, il pouvoit faire servir l'espée de la justice à sa vangeance, il ne s'en est servi qu'autant seulemant qu'il a esté contraint pour sa deffance. Non, Messieurs, on ne scauroit lui disputer d'avoir heu la plus grande de toutes les vertus chrestiennes, qui est le pardon des ennemis : en cella il estoit bien le digne fils d'une tres digne mere, qui ne pouvant un jour cacher sa joue enflée ou meurtrie d'un rude souflet cacha la main du renieur de Dieu qui avoit paié par ce mauvais office le bon qu'elle lui avoit randu de la correction fraternele. Il avoit encore accepté de bon cœur cette portion de l'hoirie de la vertu de madame sa mere que tout autre que lui auroit repudiée : i'ai apris d'une personne qui a autant de nessance que de probité, qui m'a citté pour tesmoin ses deux yeux, qu'on avoit veu des personnes avoir appuyé des pistolets contre le sein de nostre généreus, dont il avoit après apuié les afferes litigieuses de son crédit, a qui il n'avoit pas seulemant rendu justice mais encore faict grace. Il est tres seur que si on lui peut reprocher quelque complesance, dans l'exercice de sa charge, c'est en faveur de ceux qui lui avoint causé beaucoup de déplaisir. Il leur a conservé par vertu ce qu'ils lui avoint voulu oster par crime. *Le dernier arrest de sa vie* qu'il a donné et qui a esté suivi de sa mort qu'il a receue est de cette nature (11). Ne faut-il pas conclure qu'aiant heu ces quatre héroiques vertus, outre bien d'autres, il a heu la gloire d'avoir eu un cœur solidemant chrestien pendant sa vie mais bien plus encore en sa mort ?

Si sa vie a peu estre l'object de la jalousie des ambitieus, sa mort a peu estre l'object de l'anvie des saincts. Une si glorieuse vie a esté coronée d'une plus glorieuse mort. Vous mesme, Messieurs, qui en avés esté les tesmoins me pourriés fournir trois convaincantes preuves : La première la resignation avec laquelle il en a receu la nouvelle, la seconde la disposition avec laquelle il s'i prepara, la troisiesme les advis aussi charitables que necessaires qu'il donna. Quand au premier chef, l'Escriture m'aprand que trois grands rois et trois grands courages receurent d'aussi mauvaise grace la nouvelle de la mort, qu'ils firent un mauvais accueil au profete qui la portoit. Ezechias tout sainct qu'il estoit torna le dos au profete Isaïe, et demanda par ses larmes a Dieu de prolonger sa vie. Achab sembla frapé d'un coup de foudre par le profete Elie qui lui porta la parole de la mort, et pour en detourner le coup il andossa la haire. Ochosias eut recours à Dieu d'Acharon, cest a dire au demon, pour se tirer de sa maladie, et le profete qui lui vint prononcer la santance de mort faillit a le fere mourir de crainte, avant qu'il feut en estat de mourir de son mal. Nostre genereus malade receut le profete, je veux dire le prebtre qui lui annonça la nouvelle de sa mort, avec des santimans de gratitude : il lui temoigna, a ce que l'on m'a dict, qu'il lui randoit l'office d'un veritable ami, il ne fit point de veus pour recouvrer la santé, il réserva ses soupirs et ses sanglots pour regretter ses pechés et non pour plaindre sa vie, il se considéra comme un criminel, et dans cette veüe, il receut l'arrest de sa mort avec tout le respect qu'il devoit a la justice de Dieu et toute la soubmission aux ordres de la providance. *Et non eris boni nuncii bajulus*, disoit Joab à un gentilhomme qui vouloit porter a David une nouvelle qui lui auroit bien despleu. *Non eris boni nuncii bajulus*, alles au prestre, alles hardimant, ne creignes pas d'estre le porteur d'une facheuse nouvelle, il la receuvra sinon avec ioye, du moins avec résignation. Les miserables ne perdent la vie qu'a regret : si donc elle est si douce a ceux qui n'en goustent que l'amertume, combien le doibt elle estre a ceux qui en peuvent gouster les douceurs : *O quam amara, mors, memoria tua.* Il y avoit des conjonctures qui la devoint randre plus amere a nostre genereus moribond qu'a homme du monde. Il lui faloit fere un double sacrifice dans un seul de sa vie et de sa fortune. Si les vieillards treuvent que la vie est trop courte, que ne devoit pas fere celui qui n'avoit pas encore un cheveu gris et qui, selon le cours de la nature, estoit presqu'aussi esloigné de sa fin que de son commancemant, c'est la le premier sacrifice. Le deusiesme c'étoit sa fortune. En effet, elle lui rioit et lui tandoit le bras, le roi en vouloit estre lui mesme l'artisan. Il estoit le débiteur de quelques personnes (12), il estoit aussi le créancier du plus grand monarque du monde, qui pansoit efficacemant a recompanser ses soins. Il connoissoit bien qu'une plus longue vie estoit necessere a son establissemant. Un si digne fils eut esté infailliblemant en estat de succéder a un digne pere et de fere le cinquiesme president de sa race, et quoy qu'il y eut dans cette illustre famille autant de noblesse, de gloire, de biens et de vertu qu'il en faut pour meriter a toutes les personnes qui la composent un establissemant tres avantageus, il scavoit bien neantmoins sans vanité que l'on pouvoit comter sur son crédit et sur son merite plus que sur tous les autres advantages. Il samble que Dieu ne lui avoit conservé le jugemant, dans cette conjoncture où presque tous le perdent, que pour lui fere voir sa vie et ses services sans recompanse, sur le point de la recepvoir, et sa famille sans establissemant, aux termes de la conclure, et ce qui a touché, je ne dirai pas seulemant les indiferans, mais encore les envieux mesme jusqu'au point de s'en fere plaindre, il voioit tout cela, que dis-je, il ne le voioit pas, puisqu'il ferma les yeux au monde par vertu, avant que la mort les lui eut fermé par necessité; ancore me trompe-je, il voioit tout cella, mais ce n'estoit que pour augmenter son merite, par un plus genéreus sacrifice.

Cest a quoy il se disposa par les actes les plus chrestiens qu'on ait iamais ouy dans ce fatal momant. Vous le scaves, Messieurs, quand un Dieu antra dans le logis de ce genereus moribond, pour le fere apres antrer dans son ciel, et quand il vit ce divin viatique antre les mains du prestre, les beaux sentimans qu'il temoigna, qui tirèrent des larmes des yeus de la plus part des assistans, autant de tristesse de le voir mourir que de consolation de le voir bien mourir. Il fit des actes de foy, mais d'une foy si vive et si ferme que vous eussiés dict qu'il avoit celle de la Cananée et qu'elle méritoit bien que Jesus-Christ dict a cette ame chrestienne : *Vade, fides tua te salvum fecit*. Il fit en suitte des actes d'adoration avec des termes si énergiques, que vous eussiés dict qu'il se vouloit anéantir, en la presance d'un Dieu aneanti dans la saincte hostie. Iamais le centenier, quand il demandoit la santé pour son valet, le prince de la sinagogue quand il le prioit de rendre la vie à sa fille unique, n'adorèrent Jesus-Christ avec tant de soubmission ni de respect. Il protestoit apres qu'il n'apuioit l'espérance de son salut que sur la bonté infinie et les seuls merites de Jesus son sauveur. *Mon Dieu*, c'estoient ses propres termes, *il n'ia que vostre pure misericorde qui puisse sauver le pécheur*. Mais il le disoit avec des santimans les plus tandres et des paroles les plus passionées du monde. Il finit ce sainct colloque par des actes d'amour, aussi grands que sinceres, par des actes qui ne lui estoint point suggerés a l'oreille mais inspirés au fond de l'ame, par des paroles qui n'estoint pas les eschos de la vois d'un confesseur qui l'exhortat, mais qui estoint les fideles truchemans de son cœur qui parloit par sa bouche. Il parloit an David pénitant, en Manasses contrit. Vous eussiés creu d'antandre les sanglots aussi bien que la vois du publicain repantant, que son humilité tenoit a la porte du tample et que sa contrition metoit a la porte du paradis : *Domine, propitius esto mihi peccatori ;* enfin il fit sur son lit une mort qu'un St Pol hermite fit dans sa palme, un St Anthoine dans son silice, un St Hilarion sur sa natte, il termina une belle vie par une belle mort.

En cinquiesme lieu, après avoir produit de si pieus

santimans en chrestien penitant, il creut qu'il estoit de son debvoir de donner ses avis en pere et recomanda à M. son fils d'honnorer toute sa vie Madame sa mere(13), secondemant de craindre Dieu, d'aimer la Ste Vierge. Je vous ai dict que nostre moribond y avoit une spéciale devotion, il vouloit la transmetre a son heritier. Troisiesmement il le chargea de paier ses creanciers ; il se servit des termes les plus pressans et des motifs les plus forts qu'il peut, il protesta qu'il mouroit avec ce regret et que si Dieu lui eut voulu prester un peu de vie, il ne s'en seroit fié à nul autre et que lui mesme se seroit acquitté sans dellai, en un mot, il lui dict tout ce qu'il se peut au monde pour l'obliger a paier ses dettes aux hommes, tandis qu'il paieroit ses dettes a la justice de Dieu. Pour Madame sa fame, il lui fit un presant qui lui jugeoit bien necessere : ce feut de son crucifix. La tandresse ne lui permit pas de lui dire beaucoup de choses, mais il trouva le moien de lui en lesser beaucoup a panser. Il lui vouloit signifier que Jesus-Christ pouvoit la consoler, que la laissant vefve, il lui lessoit en mesme tamps une crois pour espouser. Le crucifix lui dict allors et lui dira le reste, comme nostre illustre mort nous parlera bien mieux de cette representation, que ie ne saurois fere de ma chere. Apres qu'il a faict si long tamps l'office d'un magistrat, ie lui ferai fere aujourdhui l'office de predicateur. Aussi bien j'ai desja abusé de vostre patiance.

Un savant interprete a remarqué que le Sauveur a bien souvant donné de saluteres instructions a ceus qu'il a gueris : *Noli amplius peccare, ne tibi aliquid deterius contingat*, dit-il au paralitique de trante huict ans, mais il n'a iamais dict mot a ceus qu'il a ressuscités, parce qu'il iugeoit que la mort leur avoit asses faict l'office de predicateur et c'est pour la mesme reson que ie me tais en cette conjoncture. Il vous dira beaucoup de choses dans le cœur en particulier, mais il vous demandera en public, par ma bouche, le secours de vos suffrages. En effet, Messieurs, quoy qu'il nous ait donné de très fortes asseurances de son salut, par une belle mort qui estoit la suitte d'une vie marquée de quatre caracteres sansibles de la predestination, du culte du St Sacremant, de la devotion anvers la Ste Vierge, de la charité anvers les pauvres et du pardon des ennemis, neantmoins, parce q'il est bien peu d'ames dans lesquelles ne reste quelque rouille apres le pesché, qui doibt estre mise dans un feu purifiant, la siene vous demande, pour son soulagement, d'offrir a la justice divine ce sacrifice de l'autel que l'on celebre pour elle. Vous devés cella a la memoire d'un grand homme qui a este l'honneur de la robe, aussi bien que de la province : ce sera une action de gratitude mais plus encore de piété, dont il sera reconoissant au séjour de la gloire, ou nous conduise le Pere, etc.

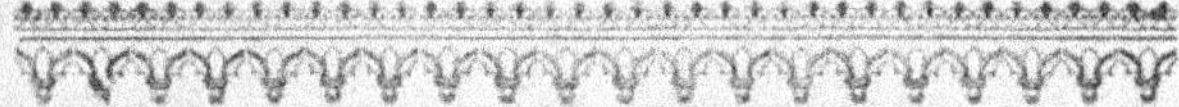

SÉPULTURE DU PREMIER PRÉSIDENT A OPPÈDE ; SON CŒUR EST DÉPOSÉ A LAMBESC PUIS A AIX, DANS L'ÉGLISE DES CARMES DÉCHAUSSÉS. DIVERSES INSCRIPTIONS FUNÉRAIRES.

Les Forbin avaient des sépultures de famille en diverses églises. Les Forbin d'Oppède furent enterrés principalement dans l'église des Observantins d'Aix, où ils avaient un tombeau, dans la chapelle à gauche du maître-autel. Là se trouvait la sépulture de François de Pérussis, sépulture dont héritèrent les Forbin d'Oppède, avec toutes ses autres propriétés. Palamède de Forbin avait été enterré aux Observantins, le 12 février 1508, et il n'y avait peut-être pas, dans Aix, une église qui renfermât plus de tombeaux de familles connues de la noblesse ou de la bourgeoisie (1).

Le premier président Vincens-Anne de Forbin, père de Henri, mourut à Avignon, et nous ne savons où il fut enterré. Il n'est pas mentionné au Mortuaire des Observantins (1). Jean de Forbin de La Fare avait été

(1) D'après Roux-Alphéran, *Les Rues d'Aix*, t. I, p. 406-407.

(2) C'est un vol. in-fol. long, relié en peau verte, conservé aux Archives du greffe du tribunal civil d'Aix, et intitulé :

« Livre mortuaire dans lequel sont écrits les noms de tous les fidèles deffuns ensevelis dans l'église, chapelles, cloître, chapitre et cimetière de ce couvent de l'Observance de Saint-François de la ville d'Aix, depuis l'année mil six cent, les noms des autres deffuns ensevelis avant le seizième siècle étant écrits en des autres livres plus petits qu'on trouvera dans les archives dud. couvent : livres où l'on trouve plusieurs autres matières inutiles et dont les écritures ne sont pas si lisibles qu'en celui-cy, que nous Frère *Etienne Raoulx*, ex-deffiniteur, et gardien aud. couvent, avons dans la première année de

enseveli aux Observantins, le 14 décembre 1602, et son fils cadet, frère du premier président Vincens-Anne, François Anne, conseiller à la cour des comptes de Provence, y avait été enseveli, le 27 août 1632.

Nous ne savons pour quel motif Henri de Forbin d'Oppède ne fut pas ramené à Aix. Peut-être sa femme Anne-Thérèse de Pontevés se conforma-t-elle à ses volontés! Toujours est-il qu'il fut conduit à Oppède. Les Maynier y possédaient une sépulture, dans l'église collégiale, dont ils étaient seigneurs, et ce fut là qu'on transporta les dépouilles mortelles du président.

Des circonstances à nous inconnues retardèrent les funérailles et le corps demeura, pendant vingt et un jours, en dépôt dans l'église de Lambesc, au milieu d'une chapelle ardente. Le 13 ou le 14 novembre, au plus tard, on fit l'autopsie du défunt : son cœur et ses entrailles furent déposés dans le caveau des seigneurs de Lambesc, ainsi qu'il est dit aux registres paroissiaux de cette ville, d'après lesquels nous reproduisons l'acte de sépulture, placé entre un acte du 12 et un acte du 14 novembre 1671.

« Le treizième novembre 1671, est décédé en cette ville de Lambesc, en la foy de l'Eglise catholique, apostolique et romaine, Mgr Henry de Meynier de Forbin,

notre trienne mille sept cent trois, fidèlement transcrit, priant ceux qui nous succèderont en notre charge de gardien de prendre garde que les sacristains qui écriront dans le présent livre mentionnent exactement trois choses au sujet d'un enterrement : 1° le nom et surnom du défunt ; 2° sa qualité ou vocation ; 3° le lieu de l'église ou de la chapelle ou du cloître, où la sépulture du défunt se trouvera située. Nous croyons cette troisième circonstance très nécessaire, pour apprendre facilement aux sacristains les sépultures des familles et éviter la confusion. Commencé de transcrire le 7e du mois d'aoust 1703. » Il va de 1600 à 1746 inclus. Nous n'avons plus « les livres plus petits » antérieurs au XVIIe siècle. Il existe les années 1773-1776.

baron d'Opaide, seigneur de Peyrole et de La Fare, comte palatin et premier président du Parlement de Provence, âgé de 53 ans. Son corps ayant reposé en dépost dans nostre église parrochiale l'espace de *vingt un* jours a esté transporté à Opaide. Son cœur et ses entrailles ont esté ensevelis dans la tombe du seigneur de la ville ; les témoins Mons. Marc-Antoine de Bonrecueil, écuyer, et Mons. Honoré Agnel, consuls de cette ville, par moy.

« *Signé* : Bonrecueil, consul ; Agnel, consul ; Jordan, prêtre ; Couges, curé. (1) »

L'enterrement, à Oppède, eut lieu le mercredi 5 décembre 1671. Voici l'acte de sépulture, dont nous devons la transcription à l'obligeance de M. le maire d'Oppède :

« Dominus Henricus de Meynier, primus præsul
« et baronus hujus, obiit anno millesimo sexentesimo
« septuagesimo primo, et die quinta decembris sepul-
« tus fuit in ecclesia hujus loci in sepultura suorum,
« anno et die ut supra, cujus anima in pace requiescat.
« Act. per me Petrum Roland canonicum et curatum
« perpetuum ecclesiæ et collegiatæ hujus loci.

« Roland (2). »

Après la mort du premier président, les députés ne subissant plus son ascendant, ne se hâtaient pas de ter-

(1) Antoine de Durand, écuyer, sieur de Bonrecueil, était premier écuyer et député de Lambesc. — Archives du Palais, greffe du Tribunal, dans le registre : Lambesc, 1586-1659 (mal en ordre). — Voir Bapt. du marquis de Grignan, 18 novembre 1671, un peu plus loin. L'indication *vingt-un* est ajoutée après coup, l'encre est différente.

(2) Archives de la commune d'Oppède (Vaucluse). Pour copie conforme, Oppède le 16 juillet 1888. Le Maire d'Oppède, H. Jauffret.

miner leur assemblée ; les séances étaient très espacées. Il n'y en eut pas du 26 novembre au 1er décembre ni du 3 au 8, à cause de la maladie de l'évêque de Marseille. Les registres originaux ne disent cependant pas si une délégation accompagna le corps du premier président à Oppède, comme il est probable.

L'Assemblée se prolongea encore durant plus de deux mois, et le comte de Grignan, malgré le concours que lui prêta l'évêque de Marseille, en obtint à grand peine le vote des 500,000 fr. que le roi exigeait absolument. Les députés ne cédèrent qu'aux menaces de la cour et se séparèrent fort mécontents des exigences du roi (1), mais ils savaient désormais qu'ils ne pouvaient plus résister à Louis XIV.

Le président d'Oppède fut très regretté. « Le roi a été fort touché de la mort de M. d'Oppède ; aussi faut-il convenir que Sa Majesté perd en lui un bon, fidèle et très zélé serviteur, » écrivait Colbert à M. de Grignan, le 25 novembre 1671 (2).

De son côté Mme de Sévigné écrivait, à la même date, à sa fille : « J'ai appris par mes lettres de Paris la mort de votre premier président ; je ne puis vous dire combien j'en suis affligée. Il étoit fort honnête homme et aimable de sa personne ; mais ce qui me le rendoit très considérable c'est l'amitié qui étoit entre vous ; c'est de penser à ce que vous étoit une si bonne liaison (3). »

En Provence, il avait joué un rôle trop considérable, pour ne pas provoquer bien des critiques. Voici ce

(1) Voir dans le t. II des Lettres de Colbert, publiées par M. Clément, de nombreuses lettres se rapportant à cette seconde période des Etats, durant laquelle le comte de Grignan dut singulièrement regretter la mort du président et son influence sur les députés.

(2) *Correspondance Administrative* sous Louis XIV, t. I, p. 392.

(3) Madame de Sévigné à sa fille, 25 novembre 1671, édition des Grands Ecrivains, t. II, p. 419.

qu'écrivait, au lendemain de sa mort, un Arlésien, qui lui est très hostile et qui lui reproche sans cesse d'avoir sacrifié les intérêts de la Provence au désir de plaire au roi et à Colbert :

« Il n'est arrivé cette année (1671) en Provence d'autre révolution que la mort surprenante du premier président d'Oppède, à l'âge de 50 ou 51 ans, d'une maladie dont les médecins n'ont pas convenu, si ce n'est qu'ayant été ouvert on lui a trouvé une pierre médiocrement grosse dans la vessie, ensuite des coliques très douloureuses dont il avoit été souvent et violemment travaillé. Il est mort d'une fièvre d'accès qui tenoit de la continue, beaucoup regretté de son domestique et fort peu du reste de la province. C'étoit un génie si habile et si autorisé, qu'il gouvernoit également et la province et le Parlement. Sa mort a laissé le gouvernement de la province entièrement à M. le comte de Grignan. Il a laissé cinq à six cens mille francs de dettes. Il avoit un génie heureux, quasi universel, et étoit très accord, très avenant et ami sans mesure (1). »

Les adversaires du président ne désarmèrent pas tous devant la mort et il courut diverses pièces satiriques contre lui. On rendait justice à ses talents hors ligne, mais la critique trouvait à s'exercer, malgré tout.

Voici une curieuse inscription (2) qui donnera l'idée du ton général de ces pièces satiriques, si bien dans les habitudes d'esprit des Provençaux :

(1) Musée, *Revue Arlésienne*, 1875-1876, p. 277. Mémoires de Jacques de Parades de l'Estang, depuis 1642 jusqu'en 1674.

(2) Archives des Bouches-du-Rhône, fonds Nicolaï, carton 109, pièce 37. Cette épitaphe est sans nom d'auteur, sur une feuille volante. Les dernières lignes semblent accuser de maladresse les médecins du premier président, qui ne reconnurent pas la gravité du mal.

IN TITULUM SEPULCHRI

HENRICUS DE MEYNIER DE FORBIN
NOBILISSIMUS VIR
BARO D'OPPEDE ANTIQUISSIMUS
MARCHIO NOVUS
COMES PALATINUS
MILITIÆ TOGATÆ DUX QUONDAM
NUPERRIME PROREX, GUBERNATOR ET PROVINCIÆ PRÆFECTUS
SUB CUJUS IMPERIO
SUMMA LIBERTAS EXPIRAVIT
SED IMMERITO
(URBS ENIM FIDELIS ÆTERNA LIBERTATE DONANDA)
EJUSDEM CONSILIO
REX TRIUMPHAVIT
SED INVITUS
QUIA DE SUBDITIS
AQUENSIS SENATUS PRINCEPS
STRENUUS, MAGNANIMUS, PRÆPOTENS
MASSILIAM PACIFICAM IN CASTRENSEM CONVERTIT
REMPUBLICAM EVERTIT
MŒNIA SUBVERTIT
DIGNITATIS ACERRIMUS VINDEX
QUIPPE QUI
HOSTES AD CRUCEM USQUE PROSECUTUS EST
HIC TANDEM
AMICORUM CURA
OPERE ET INDUSTRIA MEDICORUM
JACET
R. I. P.

Mais ces voix étaient isolées, et le sentiment général que causa la mort prématurée du premier président fut un douloureux étonnement, mêlé de sincères regrets.

Les académiciens d'Arles (1) furent priés par les consuls de Lambesc de rédiger une inscription funèbre, en l'honneur du premier président. Ils se chargèrent d'autant plus volontiers de ce soin, qu'ils avaient eu souvent à se louer de Henri d'Oppède, en particulier lors de l'enregistrement de leurs lettres patentes (juin 1669) et qu'ils savaient se rendre agréables au lieutenant du roi, le comte de Grignan, ainsi qu'à son oncle et à son frère l'archevêque et le coadjuteur d'Arles. Dans une de leurs séances, ils commirent M. Jacques de Grille de Robias, secrétaire perpétuel, et homme d'un esprit très cultivé, pour rédiger cette inscription. M. de Grille avait eu des rapports personnels très sympathiques avec le premier président (2); il se mit à l'œuvre sans retard.

Voici d'ailleurs un extrait du registre de l'Académie d'Arles, qui donnera de plus amples renseignements : « Mémoires de novembre 1671. M. de Boches, revenu de Lambesq, porte la nouvelle de la mort de M. le premier présidant. Il dict qu'il avoit laissé son cœur en témoignage de son affection à cette ville-là, dont les consuls estoient obligés par convenance de faire travailler à son épitaphe.

« M. Bouvet, directeur de ce mois, remonstre que c'est là un employ digne de l'Académie. M. de Boches dict que les consuls de Lambesq l'avoient chargé d'en

(1) L'Académie d'Arles fut érigée par lettres patentes de 1668, enregistrées à Aix, en 1669. Voir l'*Académie d'Arles au XVII*e *siècle*, par A.-J. Rance, in-8e Paris. Spécialement le t. I p. 252 et 400.

(2) Voir dans le Musée, revue arlésienne 1875-1876, les *Mémoires de Jacques de Parades de l'Estang*, passim.

faire la très humble prière à messieurs de l'Académie royalle. M. le secrétaire est chargé de la chose et promet d'y faire tout son possible, d'autant mieux que feu M. d'Oppède, ayant donné l'arrest d'enregistrement des lettres pattentes du roy, pour l'establissement de l'Académie royalle, il estoit de justice de rendre quelque gloire à son tombeau. M. le Secrétaire faict voir quelques vers et quelques proses qu'on adressoit à l'Académie sur la mort de M. le premier présidant, sur quoy on demendoit le sentiment de la compagnie. La chose estant agitée, il est résolu qu'on ne s'expliquera point (1). »

« Le 10 janvier, M. le Secrétaire directeur de ce mois expose la pièce dont il estoit chargé, à l'honneur de M. le premier présidant mort. On la lict et on l'examine, on prie Messieurs les abbés de Boches et de Barrêmes de la voir de plus prez et d'en dire leur sentiment, après quoi il est résolu de l'envoyer incessamment à ces Messieurs les consuls de Lambesq. M. de Boches qui l'avoit demandée de leur part se charge de la leur remettre, et cependant il est ordonné que la dite pièce latine seroit mise dans le registre, comme un monument durable de la gratitude de Messieurs les académiciens.

« On trouve bon d'intituler la dite pièce : *In titulum*

(1) Registre de l'Académie d'Arles, mss. in-f°, aux Archives d'Arles, f° 102 verso : « Le lundy 21 febvrier (1672), M. de Cays monstre une épitaphe d'un anonime pour M. le premier présidant d'Oppède. On n'y trouve rien d'excellant ny rien d'absolument mauvais. Elle est dans le genre badin et d'un caractère ridiculle, sur quoy ces Mrs prennent l'occasion de moralizer et de se convaincre qu'un lion mort ne vault pas un insecte vivant (comme dit dans ses proverbes le docteur de Roterdam). Cela veut dire sans figure que ce prince du sénat si redoubtable durant sa vie n'a pu s'échaper en sa mort de la dent satirique de ses ennemis. » Registre de l'Académie d'Arles, fol. 106.

sepulchri D. D. H. M. d'Oppede, senatus principis, etc. Carmen (1). »

D. O. M.

Henrico de Meynier de Forbin Baroni d'Oppede, in
Supremo galloprovinciæ senatu protopræsidi,
Quod
Cor et viscera
Suprema sua voluntate deponi jusserit Lambesco,
Ubi, dum comitia obit,
E vivis abiit
Anno 1671, mense nov. die....
Grato dictante genio,
Magno patrono suo,
Hoc carmen posuit civitas Lambescensis.

Cui fuerat nuper vasti brevis area regni,
Conditur augusta magni cor præsidis urna,
Scilicet ad superos mens una capacior orbe,
Angustas pertæsa domos, cœlo fruitura recessit,
Viscera quæ dulcis dum vita manebat, acuto
Torquebant sensu miseræ fata aspera plebis,
Hic deposta jacent, orbæ solatia gentis,
Sed late spirant cineres fatoque superstes
Spargit odoratam virtutum gloria famam,
Dum generis titulos Forbinæ insignia gentis,
Patriciosque atavos, qui claro stemmate et arctis
In reges vincti obsequiis, belloque, togaque,
Conspicui, primas regni tenuere curules
Æterno charites laudum splendore coronant,
Doctas mentis opes, facundæ munera linguæ,
Et curas animi vigiles, vastique labores
Concilii, gemino dignam diademate frontem,
Pectoris invicti robur sublimiaque acta,
Oppressas scelerum pestes, incendia belli
Civilis restincta, altæ molimine mentis.
Sed melius Phocensum animos, nisusque feroces
Mentita fractos hostilis imagine belli,

(1) Registre de l'Académie d'Arles, f° 103, verso.

Et pulchram cœlo jussam descendere pacem,
Incidunt memores ferali in marmore Musæ,
Nec tamen hic decorum cumulus nec pulcher honorum
Limes erit : meritos alibi virtutis honores,
Magnorumque operum fructus Provincia sospes,
Purpurei patres, comitia, principis aulæ,
Et favor æternum populis regnoque loquentur (1). »

Cette inscription fut-elle gravée par les soins des consuls de Lambesc ? Nous l'ignorons. Elle est un peu longue et bien peu dans le style lapidaire ; mais l'auteur a voulu rappeler l'origine, les qualités de corps et d'esprit, les actions mémorables du président, dans l'affaire des sabreurs, du semestre, de la réduction de Marseille et signaler ses efforts, pour assurer la tranquillité de la Provence et l'union dans le Parlement et les Etats (2).

Il ne reste plus trace dans l'église de Lambesc de cette inscription : cette église a subi des remaniements considérables, dans le cours du XVIIIe siècle, et le dallage a été plusieurs fois retouché. On ignore même l'emplacement approximatif de « la tombe du seigneur de la ville. » Rien non plus ne rappelle, dans l'église d'Oppède, le lieu de la sépulture de Henri de Forbin. La chapelle où il fut enterré a été réparée (il y a une cinquantaine d'années), et l'on a fait disparaître toute trace de la sépulture des Maynier.

Les extraits authentiques des registres paroissiaux de Lambesc et d'Oppède ne laissent aucun doute sur l'endroit où furent ensevelis, d'une part le cœur, de l'autre le corps du président Henri d'Oppède.

Cependant il y a une difficulté relative au cœur du

(1) Registre de l'Académie, f° 104.

(2) Voir les annotations qui résument cette inscription, à la marge du f° 104 du Registre de l'Académie.

président. A la date de 1679, J. de Haitze assure qu'il repose dans l'église des Carmes déchaussés de la ville d'Aix. Après avoir signalé trois tableaux de Daret, il ajoute : « Dans cette même église (1) repose le cœur de feu Monsieur le premier président d'Oppède, autour duquel on a mis cette inscription :

D. O. M.

ANNO MDCLXXI
COR HIC SUUM
ILLUSTRISSIMUS PROTOPRESES,
DOMINUS HENRICUS DE FOURBIN,
DE MAYNIER, OPPEDÆ, FARÆ
AC PEYROLÆ TOPARCHA,
RECONDI VOLUIT,
MIRO SANE ACTUM INGENII
AC PIETATIS ARTIFICIO !
UT QUI DEO, REGI, REIPUBLICÆ,
CARMELITIS EXCALCEATIS,
COR VIVENS DEDERAT,
CORDA RAPUERAT,
HOC UNO ULTIMOQUE MORIENS
CORDIS DONO,
OMNIUM IN CORDIBUS
NUNQUAM POST MORTEM
INTERITURUS,
REVIVISCAT.

La mère de *Henri d'Oppède*, qui avait fondé le couvent des Carmélites d'Aix, en 1625, avait aussi contri-

(1) *Les Curiositez les plus remarquables de la ville d'Aix* par Pierre Joseph de Haitze. A Aix, chés Charles David, imprimeur du

bué à l'établissement des Pères Carmes. M. de *Saint-Vincens* mentionne ce fait, à la date de 1637 : « Les Carmes déchaussés obtiennent des lettres patentes pour leur établissement à Aix. Ils ont même la permission de l'archevêque, mais il leur falloit nécessairement l'autorisation du conseil de ville. Ils l'obtiennent le 17 juillet 1637, et s'établissent d'abord dans la chapelle de N.-D. de Beauvezet. *Aimare de Castellane La Verdière*, veuve du premier président, grande protectrice de l'ordre du Carmel, les loge chez elle (1). »

Un peu après, le Chapitre de Saint-Sauveur leur céda la chapelle et l'hospice de Saint-Laurent, « sur les limites du grand quartier de Saint-Jean, proche le bourg, dit de Haitze (2). » En 1647, ils y furent remplacés par les Augustins, et vinrent s'établir hors la ville, dans l'endroit où existait autrefois une fontaine publique, nommée *Fouent dei prats* (3), auprès de la croix des Augustins, sur l'avenue de la porte royale ou des Augustins. C'était alors un terrain en pleine campagne, sur la place actuelle de la Rotonde, dans les environs

Roy, du clergé et de la ville, 1679, 1 vol. in-12 de XV-196 p. V. p. 177-178. L'un des trois tableaux de Daret qui ornaient l'église des Carmes déchaussés est aujourd'hui à la Madeleine, dans la chapelle voisine des fonts baptismaux. Il représente « Sainte Thérèse qui reçoit l'ordre de la main de la Sainte Vierge et Saint Joseph qui luy en donne le manteau blanc. » Ce tableau est très critiqué par les amateurs qui trouvent le groupement des personnages défectueux, mais le coloris est remarquable et le dessin très bon.

(1) Saint-Vincens, Notes sur Aix, mss. 1013 p. 774. Voir aux pièces justificatives, la note B.

(2) Bibl. d'Aix, mss. 1015, pièce 2, p. 97. En 1660, les Augustins firent reconstruire cette chapelle sur les plans de Puget, dit M. de Saint-Vincens, mss. 1013, p. 937, dont Roux Alphéran, les Rues d'Aix, 1, 380, conteste l'assertion. Cette chapelle, située dans la rue Saint-Laurent, près de la place de l'Hôtel-de-Ville, fut détruite pendant la Révolution.

(3) Saint-Vincens, Notes sur Aix, mss. 1013 p. 814. Cfr. mss. 1015 pièce 2 p. 83. *Topographie de la ville d'Aix* par de Haitze.

de la Croix de Mission. Les Carmes déchaussés y demeurèrent jusqu'à ce que leur couvent eût été exproprié et démoli, en 1778 ou 1779, pour l'établissement de la nouvelle route d'Avignon. Ils s'installèrent alors rue de l'Annonciade, dans le couvent des Servites, supprimés en 1771, que le bureau de Bourbon leur vendit (1). La construction commencée en 1647 (et non en 1664, comme le dit Roux Alphéran, d'après de Haitze, mal à propos corrigé par Saint-Vincens), était assez pauvre; une nouvelle église et un nouveau couvent furent commencés en 1671 « hors la porte des Augustins » et le président d'Oppède en posa la première pierre, à son retour de Paris, en janvier 1671, au rapport, du moins, de M. de Saint-Vincens (2).

Aimare de Castellane, morte le 16 août 1649, avait voulu reposer dans le cloître des Carmélites d'Aix, où elle fut enterrée auprès d'une de ses deux filles religieuses à ce couvent, morte un an avant elle (3).

Il est assez naturel qu'en souvenir de sa mère et en raison de la bienveillance qu'il éprouvait pour les Carmes (4), Henri d'Oppède ait songé à leur léguer son

(1) Roux-Alphéran, *Les Rues d'Aix*, I, 211-212; II, 512-513. V. Bibl. Méjanes, Recueil mss. 853 pièce 2. Mémoire pour les Carmes déchaussés contre la Communauté d'Aix, voulant faire abattre leur église et leur maison, pour continuer le chemin de Lambesc. Du 24 mars 1777, signé *Arnulphy*. Ibid. Rec. mss. 846, pièce 27, Comparant des PP. Carmes de la Ville d'Aix par devant les maire et consuls, au sujet du préjudice qu'éprouve leur maison, par suite de la construction de la nouvelle route d'Avignon. Cette pièce n'est pas datée.

(2) *Notes sur Aix* par M. de Saint-Vincens. mss. 1013, p. 961. Le président revint de Paris à la fin de janvier, et le 16 février 1671 il est nommé dans une délibération du Parlement. V. Bibl. d'Aix, Mss. 655.

(3) *Livre de Raison* de Henri de Forbin d'Oppède, passim.

(4) Un oncle de la femme du premier président, *François de Pontevès* était entré dans l'ordre des Carmes déchaussés, dès avant 1637. Il avait pris le nom de P. *Ange de l'Annonciation*. Il fut sans doute pour beaucoup dans la fondation du couvent d'Aix.

cœur. Mais comment expliquer qu'il ait été d'abord déposé à Lambesc, sinon en admettant que l'église des Carmes n'était pas achevée en octobre 1671, et que la translation eut lieu plus tard, lorsque l'église fut en état de recevoir ce dépôt (1) ? Nous ne saurions fixer la date de cette translation ; mais en l'absence de renseignements plus précis, il est certain qu'elle est antérieure à 1679, époque où de Haitze écrivait.

Il ne reste rien de l'ancienne église des Carmes, mais l'inscription citée ci-dessus s'y trouvait encore en 1750, lorsque le P. Honoré Moulin, cordelier, recueillit les inscriptions des églises et couvents de la ville d'Aix (2). Il est probable qu'elle disparut lors de la démolition de l'église, sur la place de la Rotonde.

(1) Il est bien entendu que c'est, de notre part, une hypothèse. Tout vraisemblable qu'elle nous paraisse, nous ne la donnons pas pour une certitude, mais nous ne voyons pas d'autre explication.

(2) Le P. Honoré Moulin, né à Aix le 17 février 1683, y mourut le 16 octobre 1758 ; il recueillit presque toutes les inscriptions qui existaient de son temps, et dont plusieurs avaient disparu, lorsque Saint-Vincens commença ses recherches. Habile antiquaire, il connaissait le grec et l'hébreu, il déchiffrait aisément les vieilles écritures, et Saint-Vincens, qui appréciait fort son recueil, fut heureux de se le procurer, en 1799. Il est intitulé : « Inscriptions publiques et chrétiennes des églises, couvents, monastères et édifices publics de la ville d'Aix, colligées et augmentées en octobre l'an MDCCL. »

Le manuscrit du *P. H. Moulin* est un petit cahier de 108 pages chif. plus 10 feuillets n. ch. qui est ajouté à la fin du tome III des notes sur Aix de M. de Saint-Vincens. (Mss. 1014, Bibl. Méjanes).

L'inscription de Henri d'Oppède est rapportée à la page 13, telle qu'elle est donnée par de Haitze et par Saint-Vincens, Ms. 1014, p. 970.

PIÈCES JUSTIFICATIVES

LES ŒUVRES DES MAYNIER

(A)

Jean de Maynier fit imprimer, en 1538, une traduction en vers français des *Triomphes de Pétrarque*. On sait que les Triomphes sont des visions allégoriques, dont la poésie provençale offre les premiers exemples. Ils sont écrits en tercets, à la manière du Dante. Pétrarque s'y manifeste avec ses qualités, mais aussi avec beaucoup de défauts, dans le style et la versification.

La traduction de Maynier n'était pas la première, il y en avait eu déjà une, publiée d'abord à Paris, s. d. chez Philippe Lenoir, puis à Lyon, chez Romain Morin, imprimée par Denys de Harsy, in-8°, 1531. Celle de Maynier n'a pas grande valeur en elle-même, mais elle est fort bien imprimée, ornée de très jolies gravures sur bois, elle atteint dans les ventes des prix élevés et elle est très rare. Voir la description qu'en donne *Brunet*, 5° éd., t. IV, col. 561. Cfr. Niceron, Mémoires sur les hommes illustres de la république des lettres, t. XXVIII, p. 392. Il y en a un exemplaire relié en maroquin rouge, provenant du docteur *Barjavel* (1) à la Bibl. de Carpentras. En voici le titre en entier : « *Les Triumphes Pétrarque* traduictes de langue tuscane en rhime françoyse, par le baron d'Opède. Avec privilége du roy. On les vend à Paris, en la rue

(1) Avec une note bibliographique de sa main, sur la garde. La Bibl. Nat. n'a pas cette traduction portée parmi les desiderata. Elle a une traduction imprimée à Paris, en 1531. Y. 3928, A.

Neusve-Nostre-Dame, à l'enseigne Sainct-Jehan-Baptiste, par Denis Janot, libraire et imprimeur » s. d.

C'est un petit in-8° de 107 f. chiffrés, non compris 8 f. pour titre, privilège et dédicace latine au connétable Anne de Montmorency. Au bas du feuillet 7, non chiffré, on lit : « On les vend à Paris en la grande salle du palais, au premier et second piliers ès boutiques des Angeliers. » Le premier feuillet chiffré porte en tête : « Cy commencent les six Triumphes de Pétrarque, illustre poëte, translatez du Tuscan en rhime françoyse » A la fin, après le feuillet 107, il y a une marque de libraire, sur un feuillet à part.

La bibliothèque de Carpentras possède un ouvrage de Jean de Maynier, Mss. 209, dont M. Lambert, dans son Catalogue (in-8° 1862) t. I, p. 114-115, donne la description suivante : *Maynerii (Joannis) Domini d'Oppede, consilia seu responsa*. In-f° de 260 f. chiffrés, précédés d'une table, rel. v.

« On lit en tête de ce manuscrit : *Responsa consummatissimi legum doctoris Domini Johannis Maynerii d'Oppede, doctoris Avenionen. incipiunt.* » Jean de Maynier, baron d'Oppède, naquit à Aix le 10 septembre 1495. Par la qualification de docteur avignonais qui lui est donnée dans le titre de cet ouvrage, on peut conjecturer qu'il prit ses grades à l'Université d'Avignon. Cette circonstance a été omise par tous ses biographes. Il fut, en 1524, pourvu d'une charge de conseiller au parlement de Provence, nommé second président en 1543 (1) et premier président l'année suivante. Après s'être signalé par ses rigueurs contre les Vaudois, il mourut dans sa ville natale, en 1558. Ce volume renferme quarante-deux consultations, presque toutes sur le droit civil : 1° *Consilium. Utrum remotus a dignitate vel officio retineat privilegia pristinæ dignitatis;* 2° *an Papa conferendo beneficia plura, videatur dispensare, et super jure Regaliæ*, etc. La première consultation, qui ne paraît être qu'une thèse d'étu-

(1) Il fut nommé le 12 novembre 1541. V. p. 23.

diant, est terminée par cette souscription : *Ego Maynerii legum scholaris, 1512 et 18 februarii.* Dans les suivantes jusqu'à la neuvième inclusivement, l'auteur se donne le titre de bachelier en droit, *legum baccallarius.* A partir de la douzième, datée de 1520, jusqu'à la dernière qui est de 1544, il signe : *Ego Maynerii doctor*, ou simplement *Maynerii.* La vingt-huitième question relative aux évasions des détenus, est accompagnée d'une note écrite en décembre 1623, de la main de Vincent-Anne de Maynier-Forbin, baron d'Oppède, qui fut aussi premier président de Provence (1). Cette note, qui rappelle une évasion favorisée par la servante d'un geôlier, commence par ces mots : *Similis quæstio orta est fuit coram senatu, me præsidente*, etc. Le baron d'Oppède cultiva parfois la poésie : on a de lui une traduction en vers des *Triomphes de Pétrarque*, imprimée à Paris, 1538, in-8°. Il a de plus laissé en manuscrit : *Discours sur les droits de Sa Majesté aux royaumes de Naples et de Sicile ; Genealogia regum Siciliæ ; epistola ad Antonium de Burgo, Franciæ cancellarium.* »

Ces dernières lignes se rapportent à un même ouvrage de Jean de Maynier, dont il existe deux exemplaires à la Bibliothèque Nationale.

Le premier est au fonds Français, mss. 6003 ; c'est un vol. in-4°, de 150 f. avec une demi-reliure du XVIIe siècle. En tête, on voit d'abord une dédicace en latin qui occupe quatre feuillets : « *Illustr. præclarissimum D. D. Guilhermum Poietum* (on a rayé *Antonium de Burgo*) *Gallice monarchie pium moderatorem et cancellarium equissimum dignissimumque patritium, Johannes de Mayneriis Opedanorum baro, senatorum regiorum provincie minimus,*

(1) J'ai vérifié sur le manuscrit les indications de M. Lambert ; elles sont exactes. La seconde consultation est du 17 août 1515, la troisième du 15 novembre 1516 ; la dixième et la onzième sont signées : Maynerii baccalarium ; la douzième est signée : Maynerii doctor. La note de Vincens Anne de Maynier, alors premier président, est après la vingt-huitième consultation f. 94 et datée du 23 décembre 1623.

summa felicitate diutius prevalere cupit. » Puis, au verso du feuillet 4, on lit : « Déclaration de la généalogie et succession des roys de Naples et de Sicille, faicte par maistre Jehan Maynier, seigneur d'Opède, docteur et conseillier du Roy au parlement de Provence. » Au fol. 5 : « A très haut, très illustre, très puissant, victorieux et souverain primpce Françoys premier roy de ce nom. » Jean de Maynier, dans cette épitre, dit qu'il veut « prouver le bon droit que vre très haulte coronne de France a sur led. royaulme. Je procèderay, continue-t-il, le plus sommairement que me sera possible pour ne vous ennuyer. » La dernière page du volume se termine ainsi : « Faut conclure que led. royaulme appartient à vous seulement, Sire, que par droit et debvoir de justice vous en estes le vray seigneur et serés Dieu aydant qui vous doibt, Sire, très bonne vie et longue et à moy vostre bonne grace. Amen. *J. Maynier.* » La signature est autographe, comme du reste probablement tout le volume.

Le mss. 6004, du même fonds Français, est une copie du précédent, avec quelques variantes et un peu moins complète. Il forme un petit vol. in-4° de 75 f. avec une miniature en tête, représentant les armes de France entourées du collier de Saint-Michel et soutenues par deux anges. Voici le titre : « *Déclaracion de la généalogie et succession des rois de Naples et de Cécille*, faicte par Me Jean Maynier, sr d'Oppède, docteur et conseiller du roy au parlement de Provence. » L'ouvrage est dédié « à très hault et puissant prince François premier roy de ce nom. » Ce manuscrit a encore sa reliure du XVIe siècle, mais fort endommagée. Il ne porte pas de signature, aussi nous n'affirmerons pas qu'il soit autographe ; il est d'une écriture cursive peu soignée, tandis que le 6003 est d'écriture très soignée, avec quelques notes marginales, en écriture cursive.

En tête du mss. 6003, il n'y a pas de date ; en tête du mss. 6004, nous lisons ces deux dates, MDLXXV et 1665, qui sont d'écriture plus récente et probablement de la main des propriétaires de ces manuscrits, venus je ne sais par quelle voie, à la Bibliothèque Nationale.

Dans la dédicace, mss. 6003, l'auteur déclare qu'il écrit *sur l'ordre du roy*, puis il ajoute : « Dieu par sa bonté infinie m'a permis naistre et yssir de rasse et lignée qui ont consumé leur temps, vies, eaiges, personnes et biens au service de vostre très saincte et très illustre coronne de France et roys très chrestiens. » Au 6004, il y a cette variante : « Yssir de père, grand-père, ayeul, rasse et lignée, etc. »

La date de ce traité est facile à indiquer, avec une précision suffisante : *Papon*, Histoire de Provence, IV, 107, nous apprend que Jean de Maynier était absent d'Aix, en 1540 et 1541. D'autre part, le chancelier *Antoine du Bourg* (oncle du fameux Anne du Bourg) mourut en 1538. Son successeur *Guillaume Poyet*, fut disgracié en 1542. Le traité fut donc commencé en 1538, dédié d'abord à du Bourg, qui mourut avant qu'il ne fût achevé, puis à Poyet, durant le séjour que Jean de Maynier fit à Paris. Il y fit imprimer ses *Triomphes* (1), y présenta son traité à François Ier, qui l'apprécia et revint en Provence, en 1541, avec un brevet de président.

Il existe aux archives des Bouches-du-Rhône, dans le fonds de la Chambre des comptes, le procès-verbal de la transmission au roi de France, sur sa demande et par l'intermédiaire de Jean de Maynier, de pièces d'archives constatant les droits des comtes de Provence, et par suite des rois de France, sur le royaume des Deux-Siciles.

V. dans le registre B. 1451, fol. X-XII, extraits de la chambre des comptes et des maîtres rationaux, par Jean de Maynier d'Oppède, conseiller au parlement, avec sa signature, *Maynier*, et la date, 29 septembre 1529.

L'ordre du roi prescrivant de rechercher et d'envoyer ces documents est rapporté au même registre. Il est daté

(1) Le privilège qu'il obtint du roi, pour cette traduction, est de février 1538.

de Compiègne, le 28 août 1529, signé: François, et adressé « A nos amez et féaux les maistres rationals de nostre chambre des comptes, aydes et finances. » *Ibid.* Ce fut sans doute ce qui donna l'idée à Jean de Maynier d'utiliser, pour un traité en forme, les pièces qu'il avait dû rechercher et examiner, avant de les envoyer au roi.

I

Ce fut Jean de Maynier qui fit imprimer la savante étude du grand jurisconsulte avignonais, *Guillaume de Maynier*, son grand-père, sur les Pandectes (1).

(1) Elle est mentionnée par *Robert de Briançon*, Etat de Provence, II, 298, et par M. de Teule dans la *Chronologie des docteurs en droit civil de l'Université d'Avignon* (1303-1791), Paris, Librairie historique des provinces, Emile Lechevalier, 39, quai des Grands-Augustins, grand in-8° de 171 pages, 1887, p. 22. Voici les notices que M. de Teule consacre aux Maynier, en indiquant l'année de leur doctorat : « *François Maynier*, fils de Sylvestre, famille originaire de Manosque; fut primicier en 1306. Au mois de mars 1309, il harangua Clément V (1305-1314) à son entrée dans Avignon et logea dans sa maison le cardinal *Aubertin de Prato* et ses équipages » p. 14.

« 1458. *Maynier (Guillaume)*, né à Avignon en 1425, mort dans la même ville, le 9 mai 1502 ; famille originaire de Manosque. Guillaume Maynier, seigneur d'Oppède, fut assesseur en 1456 ; primicier en 1462, 1481-1482, 1486, 1490, 1492 et 1501. — Gulielmi Maynerii doctoris in utroque jure commentaria, Lyon, Antoine Vincent, 1545, in-folio » p. 21-22.

« 1482. *Maynier (Accurse)*, né à Avignon en 1450, fils de Guillaume; marié avec Magdeleine de Merles ; assesseur en 1497; juge-mage à Aix; président unique au Parlement d'Aix en 1507 ; nommé en 1509 troisième président au Parlement de Toulouse, où il mourut en 1536. » p. 23.

« 1520. *Maynier (Jean)*, né à Aix le 10 septembre 1495, fils d'Accurse ; marié avec Anne (c'est Magdeleine qu'il faut lire). Laval de Castellane, mort en 1558 ne laissant que deux filles. Premier président du Parlement de Provence en 1543, il se signala par ses rigueurs contre les Vaudois de Cabrières et de Mérindol. Il fut pour-

La bibliothèque de Carpentras en possède un exemplaire qui provient de la bibliothèque de Henri d'Oppède. Il est mentionné dans le mss. 606, et est intitulé : « Gulielmi Maynerii doctoris in utroque jure eruditissimi consiliariique regii // Commentaria in titulum Pandectarum, Regulis Juris, legum candidatis nedum utilia, verum de nodis sententiarum in specie contrariarum quæ minus exercitis offendiculo esse solent, dissolvendis, propemodum necessaria, atque universam pene jurisprudentiam complectentia // Cum indice rerum et verborum locupletissimo. // Marque de l'imprimeur. // Lugduni apud Antonium Vincentium MDXLV. Cum privilegio regis.» C'est un vol. in-fol. imprimé sur deux colonnes, avec des majuscules sur bois. Il y a 408 f. chiffrés, mais l'exemplaire est imcomplet, car l'Index renvoie à un chapitre, folio 415. Sur le verso du premier folio, il y a un extrait du privilège accordé par François Ier, et contresigné : « Maistre Lazare de Bayf, maistre des requêtes. » Il est accordé pour trois ans à Antoine Vincent, marchand libraire, demeurant à Lyon, sur sa demande contenant « que a grand soing, estude, labeur et diligence, fraiz, mises et despens, il a

suivi à l'avènement de Henri II et acquitté. Il avait été assesseur d'Avignon en 1519. Ses manuscrits se trouvent à la bibliothèque de Carpentras » p. 26. Il n'est pas question des autres Maynier.

Nous avons parcouru à la Bibl. Nat., Cabinet des titres, pièces originales, 1904, dossier 43,868, plusieurs documents relatifs à Accurse de Maynier. Il en ressort qu'il fut nommé président au Parlement de Toulouse, après la mort de *Jean Morillon* (2 mai 1507). Ses lettres, écrites sur parchemin, mêlées de latin et de français, sont du 15 février 1508, vérifiées le 6 mars 1508 par les trésoriers généraux, le 12 décembre 1508 au Parlement, dont acte fut délivré au titulaire le 20 août 1509. Un reçu d'*Accurse de Maynier*, 5 janvier 1509, le montre prenant le titre de président au Parlement de Toulouse. Voir d'autres reçus de 1517 et 1518. Un ordre du 23 juin 1511, signé de Louis XII, accorda à Maynier le droit de toucher ses gages, depuis le jour du décès de son prédécesseur jusqu'au jour de sa réception (12 déc. 1511). Au même dossier sont divers reçus (1571-1574) de *Pierre Maynier* pourvu d'un des sept offices de conseillers laïques créés, en 1510, au Parlement de Toulouse, et sa signature rappelle celle d'Accurse.

recouvert de maistre Jehan Maynier nostre conseiller en nostre cour du Parlement de Provence, les œuvres et lectures de feu maistre Guillaume Maynier son ayeul, sur le tiltre de Regulis juris et de verborum significatione, avec une répétition faicte et composée par ledict maistre Jehan Maynier, sur la loy, veluti de Justitia et jure, lesquelz livres il voudroit faire imprimer... »

Au folio 2, il y a une pièce de vers latins par Ant. Fabri d'Estienne, procureur au parlement « De origine et genealogia Mayneriorum, » puis l'Index. Au folio 3, on lit : « Gulielmi Maynerii // juris utriusque do // ctoris clarissimi, consiliarii // regii, in titulum de Regulis juris (totius civilis prudentia // summam) Tractatus seu repetitiones feliciter incipiunt // quos qui exacte relegerit, ipsius juris civilis no // dos plures solutos perspiciat, antea a nullo // gure consultorum præ diffi // cultate, tentatos. » Puis grav. sur bois. (D'après les indications de M. *Barrès*, bibliothécaire de Carpentras).

L'extrait du privilège, cité ci-dessus (1), semble faire allusion à un ouvrage de Jean Maynier que l'imprimeur se proposait d'imprimer. Fut-il publié ? N'est-ce pas simplement les *Consilia* ? L'ouvrage était-il en français, comme l'insinue le titre ? Autant de questions dont la solution nous échappe actuellement.

II

Au commencement du XVIIe siècle, *Louis de Maynier* était religieux au monastère de Lérins (1614). Il fut d'abord économe, puis pro-prieur, enfin abbé vers 1633.

(1) A la fin on lit : « Donné à *Argentem*, le huytiesme jour de juin, l'an de grâce mil cinq cens quarante cinq. Et de nostre règne le trente uniesme. Par le Roy. Maistre *Lazare de Bayf*, maistre des requestes ordinaire de l'Hostel présent. Ainsi signé : *Coëfier*. »

Après la prise des îles de Lérins par les Espagnols, le monastère fut remis en commande (1638). D. Louis Maynier eut beau protester : on se saisit de sa personne, et on le retint prisonnier dans l'île. C'était un savant mathématicien ; il fut appelé à Paris, et après avoir enseigné quelques années, il fut attaché à l'instruction des enfants de France. Il a laissé divers écrits manuscrits et deux volumes imprimés sous ce titre : *Institutiones mathematicæ*. V. l'Histoire du monastère de Lérins par M. l'abbé Alliez, chanoine honoraire de Fréjus. Paris, Didier, 2 in-8°, 1862, t. II, p. 405 et 454.

Louis de Maynier était aixois et probablement de la famille des Maynier d'Oppède, bien que les divers nobiliaires n'en parlent point. Nous savons peu de chose de sa vie. Il existe à la bibliothèque d'Aix, dans le grand portefeuille de M. de Saint-Vincens, une vue de Lérins, gravée par Daret (Daret, sculp.) Dans un cartouche, au-dessus à gauche, se trouve la légende : « Sacram Lerinam galliarum Thebaïden, celeberrimum sanctorum seminarium, tot præsulum sanguine purpuratam, tot Patrum scriptis illustratam, tot monachorum innocentia candidatam, tot denique sanctorum meritis claram, Don Ludovicus de Maynier, monachus Lerinensis in hac tabula chorographice delineatam tertio decimo sæculo a Cœnobio condito, divo Honorato Patrono dat, donat, dicatque Kal. Julii 1635. » Au-dessous de ce cartouche, on voit ses armes qui sont celles des Maynier-Castellane.

Au-dessus du plan, deux anges, portant l'un les armoiries de France, l'autre celles de l'abbaye, soutiennent une banderolle, sur laquelle on lit : l'Ile Saint-Honoré de Lérins. Cette planche est sous le numéro CCXXIII.

L'épreuve est un peu pâle, mais le plan est très beau. C'est une des rares œuvres gravées par *Daret*.

III

De Vincens Anne de Maynier, mort en 1631, nous connaissons un traité latin sur le droit civil : *Ad Titulum de Pactis-Tractatus de obligationibus, de dolo et usuris.* Mss. 198 de la Bibliothèque de Carpentras. C'est un joli manuscrit in-8°, encadré, relié en parchemin, de 103 pages. Il est autographe et porte la signature de l'auteur, en tête : V. A. de Maynier, 1600. M. Lambert la donne ainsi : V. Ant. de Maynier, mais à tort, c'est une faute d'impression peut-être. Je l'ai vérifié de mes yeux.

IV

Henri d'Oppède n'était pas uniquement occupé des affaires judiciaires et administratives de la Provence. Il avait fait de fortes études, et toute sa vie il resta en relations avec des littérateurs et des savants. Il fut un des protecteurs du célèbre cordelier le P. Ant. Pagi (1624-1699), il lui ouvrit sa bibliothèque, lui fournit des moyens de travail, et essaya de l'attacher à la Faculté de Théologie (1670). Il était en correspondance avec le savant linguiste, le P. Jean Bertet, S. J. (1622-1692), originaire de Tarascon (1). Sa bibliothèque était considérable : V. « Catalogue des Livres de feu M. le premier président d'Opède avec l'estime faite par l'authorité de justice en 1676 » (mise ensuite au rabais, note de M. de Mazaugues).

(1) V. sur Ant. Pagi, le P. *Bougerel*, Mémoires pour servir à l'histoire de plusieurs hommes illustres de Provence, Paris 1752, p. 260-290; sur le P. Bertet. *Ibid.* p. 203-221.

Bibliothèque de Carpentras. Mss. 606. Recueil de 11 catalogues de diverses bibliothèques, in-fol. de 455 f. rel. parch. Le total monte à la somme de 6070 l. 7, pour les imprimés; 100 l. pour les Mss.; 162 l. 10, pour les « livres pourris ; » 152 l. 10, pour « ceux qui manquent ; » soit en tout 6485 l. 7. Il y avait 1099 in-fol.; 442 in-4°; 258 in-8°; 68 in-12 ou in-16. Parmi les manuscrits, les *Consilia* sont cités et c'est la seule œuvre manuscrite des Maynier dont nous ayions relevé le titre, dans ce catalogue.

Cette bibliothèque fut vendue par les héritiers du président et achetée par M. Louis Thomassin de Mazaugues, conseiller au Parlement d'Aix et bibliophile distingué. Le catalogue que nous venons de mentionner, fut dressé à l'occasion de cette vente, mais il en existait un autre, sur grand papier, d'écriture fort soignée et relié en maroquin rouge, avec des fers aux armes de Henri d'Oppède et de sa femme Aymare de Castellane. Ce dernier catalogue est aujourd'hui à la Bibliothèque de Carpentras, depuis que Mgr Malachie d'Inguimbert s'est rendu acquéreur du cabinet des Mazaugues.

« Mss. 609. Catalogue méthodique de livres imprimés. In-fol. de 276 f., rel. mar. rouge, doré sur tranche. Manuscrit de la fin du XVIIme siècle ou du commencement du XVIIIme. Sur le dos du volume, dans l'intervalle des nervures, se trouve répété le chiffre M surmonté d'une couronne de comte. Sur le plat des deux couvertures sont incrustées, en or, les armes du propriétaire. Ces armes sont écartelées, au premier et au quatrième, d'or à un chevron d'azur accompagné de trois têtes de léopards de sable, qui est de Forbin ; au deuxième et au troisième, de gueules à un château sommé de trois tours d'or, qui est de Castellane ; sur le tout, d'azur, à deux chevrons d'argent rompus, l'un à dextre, l'autre à sénestre, qui est de Mainier. Devise : *De sursum est, veritas omnia vincit.* La plupart des livres dont cette collection se composait sont entrés dans la Bibliothèque des Mazaugues, et se trouvent aujourd'hui à Carpentras. Ils sont, presque tous, reliés en maroquin rouge et décorés des mêmes armoiries (1). »

On le voit, Henri d'Oppède avait des goûts de bibliophile. Sa bibliothèque se composait des livres laissés par ses ancêtres, mais il l'augmenta considérablement par l'acquisition qu'il fit, en 1653, de la bibliothèque de son prédécesseur, M. de Mesgrigny. Voici ce que nous lisons dans son *Livre de raison*, à l'année 1653 : « J'ay pareillement acheрté les livres de M. de Mesgrigny à l'estime qu'en faisoient deux amis qui s'est montée quatre mille cinq cents livres, suivant l'estime qui en a esté entre nous faitte par Mrs *Cramoisi*, libraires des plus renommés à la rue St Jaques. Le roolle desdits livres s'en suit. » Malheureusement les 7 feuillets suivants sont blancs et portent simplement en tête ces mots *Roolle desdits livres* (f. 113-120). Le Président n'a pas eu le loisir de transcrire cette longue liste, à la suite du *Roolle des meubles* de M. de Mesgrigny, qu'il avait également achetés, pour la somme de cinq mille cent nonante deux livres, payables au 31 octobre 1653.

Henri d'Oppède n'a laissé aucun ouvrage ni imprimé ni manuscrit (2). Mais c'était un amateur, et il avait réuni

(1) Catalogue des manuscrits de Carpentras, par Lambert, in-8°, 1862, t. I, p. 408-409. M. Barrès a bien voulu collationner pour nous les mss. 606 et 609. Il résulte de cet examen que le 609 contient plus d'ouvrages imprimés que le 606, composé de 44 feuillets, et que ce dernier donne la liste des manuscrits de la collection de M. d'Oppède qui n'est pas dans le 609. Ainsi donc ces deux catalogues se complètent mutuellement et diffèrent non seulement par l'ordre adopté pour chacun, mais encore par le nombre des livres énumérés.

(2) Nous ne comptons pas comme une œuvre personnelle un travail d'ordre administratif, dont la copie existe à la Bibliothèque d'Aix, Mss. 630.

« Etat du Florinage contenant le revenu noble de tous les fiefs et arrière-fiefs de la Province avec les noms des possesseurs. Fait par M. le premier président d'Oppède, en 1668. » C'est un petit in-fol. de 133 p. relié en parchemin, avec des filets dorés.

bien des objets d'art dans son hôtel d'Aix (1). Il se fit peindre par *Mignard* le Romain, encouragea *Daret* et *Fauchier*, et fut un de ceux qui apprécièrent le plus *Pierre Puget*. Celui-ci, à la demande de Madeleine de Forbin, (veuve de Vincent de Boyer d'Eguilles), donna les plans de l'hôtel d'Eguilles, dont il surveilla la construction.

Le président d'Oppède fit faire de grands embellissements aux diverses chambres et à la chapelle du palais du Parlement (2), par Daret, père et fils, Fauchier et d'autres artistes aixois ou marseillais.

La correspondance du président d'Oppède serait très

(1) Voici la note que lui consacre M. *Edmond Bonnaffé*, dans son Dictionnaire des amateurs français au XVIIe siècle, Paris, Quantin, 1884, in-8° (Bibl. Nat. Ln [19], 83) p. 235 : « Oppède (Henri de Fourbin, baron d') v. 1658. Premier président du Parlement à Aix. *Portrait*, par Mignard, et un *Tableau d'histoire* par le même. Son aïeul, le terrible baron d'Oppède, collectionnait les antiques et les médailles ; il figure parmi les amateurs du XVIe siècle. » Le Portrait en question est celui dont nous avons parlé ; quant au Tableau d'histoire, nous ignorons ce qu'il est devenu. Ces deux œuvres sont de 1658, d'après la liste chronologique des ouvrages de P. Mignard, donnée dans les *Archives de l'Art Français*, 1874-1875, p. 132. Les antiques et les médailles de *Jean de Maynier* sont perdus. *Pitton*, Histoire de Provence, p. 652, et *Bouche* I, 132, signalent comme se trouvant à l'hôtel d'Oppède une inscription funéraire de *Frontonius*, patron des Utriculaires, dont la corporation avait son siège à *Ernaginum*, (Saint-Gabriel, près de Tarascon). Ce cippe est aujourd'hui dans la chapelle rurale de Saint-Gabriel : le Musée d'Aix en a un moulage fait par M. *Gibert*, en 1877, n° 110. Cette inscription a été étudiée par une foule d'auteurs, dont M. Gibert donne les noms, dans le Catalogue du Musée d'Aix. (Aix, Makaire, in-8°, 1882), p. 71.

Une autre inscription du Musée d'Aix, n° 120, provient des fondations de l'hôtel d'Oppède : elle a appartenu au collectionneur Borilly, puis à Saint-Vincens, enfin elle est au Musée depuis 1820. V. Burle (Honoré, 1607-1692). *Tractatus de situ ac antiquitate Provinciæ Narbonensis braccatæ, vulgo Provence*, Bibliothèque d'Aix, mss. 537, fol. 323, et la description de M. Gibert, op. cit. p. 84.

Cfr. Les anciens curieux et collectionneurs d'Aix, par M. de *Berluc-Pérussis*, compte-rendu de la réunion des Sociétés savantes (16 et 19 avril 1879).

(2) V. Bibl. d'Aix, Délibérations du Parlement. Mss. 954-955.

intéressante à publier : elle est longue et variée. Sans parler de ses lettres aux savants, qui seraient peut-être difficiles à retrouver, indiquons seulement les lettres administratives, du moins les principales.

1° Aux Archives de Toulon, B.B. 223, 41 lettres de 1621 à 1669, de Vincens Anne de Maynier et de Henri de Maynier d'Oppède.

2° Aux Archives de la Chambre de commerce de Marseille, B.B., art. 138 et 139 ; B.B., art. 162 ; B.B., art. 255 et 256 (1) ; C.C., art. 2 ; C.C., art. 11. Voir en outre les Registres des délibérations de 1652 à 1671, B.B., art. 1 et 2.

3° A la Bibliothèque de Carpentras, Mss. 482. Dépêches du courrier de 1657, gr. in-f° de 179 f., rel. parch. Ce volume, sans nom d'auteur ni de propriétaire, est le registre des lettres écrites par Henri d'Oppède, chargé du gouvernement de la Provence, en l'absence du duc de Mercœur. Ces lettres, datées du 13 mars au 31 décembre 1657, sont adressées à Mazarin, Le Tellier, Brienne, Colbert, au duc de Mercœur, à M. du Mesnil, au duc de Modène, au premier Président de Grenoble, à l'Evêque de Fréjus (Zongo Ondedei), au prince de Monaco, au commandeur de Saint-Paul, etc.

Mss. 483. Lettres de M. de Lionne et de M. de Colbert, et lettres qui leur sont adressées par le duc de Mercœur et le premier président d'Oppède, etc., du 8 janvier 1664 au 27 août 1665, gr. in-f° de 179 f. rel. en parchemin. Ce registre contient deux lettres de M. de Lionne, cinq de Colbert au président et une instruction du roi au duc de Mercœur. Les lettres du Président sont adressées, savoir : huit au roi, soixante-douze à Colbert, les autres

(1) Au n° 255 est une lettre du président d'Oppède aux échevins, Lambesc, le 23 mars 1671 ; au n° 256 est une autre lettre du même aux mêmes, Lambesc, 5 septembre 1671. Ces deux lettres portent le cachet du président que M. *Laugier* a eu l'obligeance de dessiner, pour la planche en tête de ce travail. D'autres lettres portent un cachet moins compliqué, parfois avec les seules armes des *Maynier*.

à MM. de Lionne, Louvois, Le Tellier, de Breteuil, de Bezons, au vice-légat d'Avignon, etc.

4° A la Bibliothèque Nationale, dans la série dite des *Mélanges Colbert*, il y a de nombreuses lettres (originales) de Henri d'Oppède, de l'année 1661 à l'année 1671. Le relevé est fait sur fiches et dans le catalogue mss. de ces mélanges. V. les volumes de 102 à 157 bis inclus.

Dans la série des 500 Colbert, il se trouve aussi beaucoup de lettres de Henri d'Oppède, de 1661 à 1671. Malheureusement le dépouillement de cette série n'est pas fait, et il faut parcourir les volumes les uns après les autres. La plupart de ces lettres (sinon toutes) sont déjà dans les Mélanges.

5° Aux Archives des affaires étrangères, dans le Fonds de France, il y a quantité de lettres (autographes) de Henri d'Oppède. V. Inventaire des Archives du département des affaires étrangères, Mémoires et Documents, Paris, in-8°, 1883. Il y a neuf registres de correspondance, ancien Petit Fonds Provence 297-305, actuellement coté 1720-1728, renfermant les originaux des lettres de Henri d'Oppède à Mazarin, Colbert et autres ministres, avec la minute de leurs réponses, de 1656 à 1671. Cette précieuse collection est une des plus riches mines de renseignements sur l'administration de la Provence, durant cette période.

6° Enfin parmi les *Lettres, Instructions et Mémoires de Colbert*, publiés d'après les ordres de l'Empereur sur la proposition de M. Magne, ministre, secrétaire d'état des finances, par Pierre Clément de l'Institut, Paris, Imprimerie Nationale, 7 vol. gr. in-8°, 1868-1871, l'éditeur a donné plusieurs lettres du président d'Oppède. Voir la table de cet ouvrage qui est fort complète.

LES CARMES DÉCHAUSSÉS — LES OBSERVANTINS

(B)

Les Carmes Déchaussés

Un des endroits de la ville dont la topographie a été le plus bouleversée est assurément la place actuelle des Marronniers et de la Rotonde. Le terrain a été exhaussé de plusieurs mètres : primitivement il s'en allait en pente douce, depuis la porte des Augustins, jusqu'à l'emplacement actuel de la gare des marchandises, qui a conservé à peu près l'ancien niveau du sol.

Les travaux de terrassement et de nivellement opérés à cet endroit, au XVIIIe et au XIXe siècle, en ont changé totalement la physionomie primitive. Il faut se reporter aux anciens plans, pour s'en faire une idée, et ce n'est encore pas chose facile de déterminer la place occupée par le couvent des Carmes déchaussés. Nous croyons qu'il se trouvait non loin de la fontaine monumentale de la Rotonde et de la Croix de la Mission.

La porte des Augustins, dite aussi porte Royale et porte de Marseille, était la principale entrée de la ville, avant l'établissement du Cours et avant qu'on y eût aménagé un accès commode du dehors. La grande route d'Avignon franchissait la porte des Augustins, puis obliquait à droite, et passait à peu de distance des remparts. Devant la porte, était une place, au milieu de laquelle s'élevait une croix, dite des Augustins, à peu près dans l'axe de la rue des Augustins (actuellement rue Espariat).

La place s'étendait au sud-ouest de la porte, le long du mur d'enceinte, et allait presque jusqu'à l'entrée du Cours actuel. Si, par la pensée, nous prolongions le Cours, il viendrait toucher l'angle sud des bâtiments des Carmes, tels qu'ils ont figurés sur le plan de la ville dressé, en 1666, par *Louis Cundier*. Ces bâtiments se trouveraient donc au nord du Cours ainsi prolongé, en face l'îlot de maisons qui sépare le Cours de la rue des Augustins. Ils se composaient d'un corps de logis à quatre ailes, formant un carré. L'église était à l'angle nord-est, en bordure sur la place, et son entrée se trouvait presque sur la même ligne que la croix et la porte des Augustins. Au chevet, et au nord des bâtiments s'étendaient des jardins ; il y en avait aussi sur toutes les autres faces, sauf une partie de celle qui était tournée vers l'est. A en juger par le plan de Cundier, le couvent des Carmes eût été assez vaste, mais le graveur a-t-il observé les proportions ? Nous en doutons. Le couvent était isolé de toutes parts, et le plan de 1666 n'indique, dans son voisinage, que quelques maisonnettes sans importance. Le terrain était en pente, humide et plus propre, ce semble, à des jardins qu'à des habitations. Les Carmes achetèrent leur enclos en 1647 (1). Tout auprès coulait une source, la *Fouent deis Prats*, qui leur fut précieuse, en leur fournissant une eau très pure, la meilleure de la ville, au rapport de de Haitze.

Les Carmes sanctifièrent, par leur présence, ce lieu autrefois consacré à des réunions souvent scandaleu-

(1) Ce terrain relevait de la commanderie de Saint-Jean. « Nous devons à M. le prieur de Saint-Jean d'Aix une cense et demi lods pour le sol de notre ancienne église, mais depuis que la ville en a pris presque tout l'emplacement pour le nouveau chemin, il n'y a encore rien de réglé sur cet article avec ledit sieur prieur de Saint-Jean. » Inventaire de 1790, aux Archives de la ville d'Aix.

« La fontaine des prés, hors la porte des Augustins, ainsi appelée parce que le quartier où elle verse ses eaux était anciennement nommé les prés. C'est la plus ancienne fontaine de la ville, du moins celle dont on ait de plus anciens documents. Il m'en conste par des titres de 1391, riere Pierre Rameti. Son eau était encore en estime d'être la meilleure d'Aix, ce qui a duré jusque vers la fin du XVIIe siècle qu'on a négligé de l'entretenir. » Topographie de la ville d'Aix en 1715, Mss. 1015, pièce 2, p. 129.

ses (1). D'après le plan de 1666, leur couvent était achevé, mais nous sommes portés à croire, sur la foi de Saint-Vincens, que leur église fut reconstruite, ou tout au moins agrandie, en 1671. Un siècle environ plus tard, ils durent abandonner leur couvent. Vers 1770, la vieille route d'Avignon fut élargie, rectifiée à partir du coin du couvent des Minimes (N.-D. de la Seds) et surtout exhaussée, pour la mettre au niveau du Cours, de l'esplanade qui le terminait et de la nouvelle route de Marseille, qu'elle devait rejoindre. La ville acheta d'abord une partie du jardin des Carmes, puis le couvent lui-même fut condamné à disparaître, par mesure d'utilité et d'agrément. Les consuls d'Aix firent procéder à l'estimation des bâtiments et de l'église, et offrirent aux Carmes, comme paiement partiel, la maison quittée en 1771, par les Servites et qui faisait partie de la dotation du collège Bourbon. L'accord ne se fit pas, mais les travaux de terrassement continuèrent, et ils furent bientôt tels que les pauvres Carmes étaient entourés, de deux côtés au moins, de talus de plusieurs mètres d'élévation, ce qui rendait leur couvent absolument inhabitable (2).

(1) « Il y avait autrefois dans ce même endroit une fontaine publique, nommée *Fouent deis pras*, auprès de laquelle l'on commettoit toutes sortes de débauches. » Saint-Vincens, Mss. 1013, p. 814.

(2) Voir le curieux Comparant des Pères Carmes, 7 p. in-fol., Recueil Mss. 846, pièce 27, à la Bibl. d'Aix. La province vota les fonds nécessaires pour la rectification de la route, mais les propositions faites aux Carmes ne leur convenaient point, et les travaux furent commencés. Un conseiller de ville avait dit au conseil que les religieux ne « tarderaient pas à déguerpir, parce qu'il n'était pas possible de vivre dans une espèce de marais, occasionné par l'immensité des eaux qui découlent dans leur église et dans leur maison. » C'était vrai, l'humidité pénétrait partout. En outre, les Carmes étaient bloqués « par une espèce de circonvallation » et pouvaient à peine accéder chez eux. « Le chemin que la direction directe conduisait de la fontaine qui rejaillit au coin de l'enclos des Pères Minimes, au devant du logis du Bras-d'Or, a été changé par un coude qu'on lui a fait faire à la même fontaine, pour le jeter dans l'enclos des Pères Chartreux qu'il coupe en deux, d'où il entre ensuite dans le logis de la Mule-Blanche, pour

Enfin, au bout de cinq ou six ans, ils finirent par s'entendre avec la ville et par lui céder leur maison, en échange de celle des Servites, dont ils avaient déclaré tout d'abord qu'ils ne voulaient à aucun prix.

L'affaire fut terminée aux conseils des 3 juin et 27 juillet 1777 (1), à la suite du comparant qu'ils avaient adressé aux consuls, quelques mois auparavant. Mss. 846.

La ville accordait aux Carmes 60,237 l. pour leurs bâtiments, plus 3,000 l. pour frais de déménagement, et s'engageait à démolir les bâtiments au ras du sol et à livrer l'emplacement que n'occuperait pas la route, dans un délai de deux ans. Les Carmes restaient propriétaires des jardins et d'une partie de l'emplacement. Ils achetaient, en même temps, au bureau de Bourbon, pour 23,600 l., « l'ancien couvent, les maisons attenantes et l'église des Pères Servites. » Ils firent au couvent les réparations

être poussé sur les toits de la remise du sieur de Gassendi, campagne située à la porte de la ville dite Ville-Verte, sur la muraille de clôture de la même ville et de là sur la muraille de l'église des exposans située au nord, contre laquelle on a endossé une immensité de terre, pour l'élever au niveau de l'esplanade qui fait face au bout du Cours. » Les Carmes priaient les consuls ou d'acheter leur maison au prix convenu, ou de prendre des mesures, pour empêcher sa ruine complète et assurer l'écoulement des eaux.

Le 3 juin 1777, l'assesseur représenta au conseil qu'il était urgent, vu l'avancement des travaux de la route, d'abattre une partie de l'église des Carmes. En outre il convenait de raser le couvent qui interceptait la vue « pour l'embellissement et la décoration de la ville. » Les Carmes acceptèrent le prix de 63237 l. qui fut fixé d'un commun accord.

(1) Voir ces délibérations aux Archives d'Aix. Le conseil hésita beaucoup avant de faire cette dépense, qui était partie nécessaire et partie de pur embellissement. Le couvent des Servites avait été estimé 36,000 livres, lorsqu'il fut cédé au Bureau de Bourbon, mais celui-ci ne pouvait ni en tirer parti, ni faire les réparations, et l'affaire, même avec la diminution du prix, était bonne pour les Carmes et pour le Bureau. V. Aux Archives d'Aix, Registre du greffe de l'Ecritoire, n° 76, fol. 464-467, le rapport d'estimation du couvent de l'Annonciade par Georges Martin Vallon et François Jaubert, le 12 février 1777. Le sieur Barlatier en était locataire et y avait établi une fabrique de velours de soie. L'église n'était pas affermée.

urgentes, et modifièrent la disposition intérieure de l'église, en relevant le sanctuaire de plusieurs degrés, selon la coutume de l'ordre.

Leur nouvelle installation ne valait peut-être pas l'ancienne, mais ils étaient mis en possession d'une des plus anciennes maisons religieuses de la ville : l'*Annonciade* (1).

L'acte de vente de 141 cannes 5 pans de terrain du couvent fut passé, le 1er décembre 1779. C'était la place jugée nécessaire pour la route, et dont l'estimation avait été faite le 30 juillet 1776. Le couvent fut démoli et « avant l'enlèvement des fondations » le bornage fut fait, en présence du P. *Alexis*, prieur, le 2 mai 1781 et le procès verbal, daté du 29 août 1781, existe aux Registres du greffe de l'Ecritoire, vol. 77, fol. 40-46.

Les fondations du couvent hors la porte des Augustins

(1) Voir Roux-Alphéran, les *Rues d'Aix*, 1, 210-213. Il reproduit presque mot pour mot, la note de Saint-Vincens, Mss. 1036, p. 40.

L'Annonciade est en bordure sur la rue de ce nom, et l'église du couvent a son entrée rue de la Verrerie. Dans le même quartier, il y a la rue et la place Saint-Antoine qui semble avoir fait partie autrefois du couvent et au milieu de laquelle se trouvait un puits. La chapelle avait été bâtie lorsque le feu de *Saint-Antoine* régnait à Aix, c'est-à-dire au XIIIe siècle. Sur ses ruines, on en éleva une autre dédiée à l'Annonciation de la Sainte Vierge. Les Servites y furent établis en 1537, lorsque leur couvent eut été démoli par l'invasion de Charles-Quint. Une inscription conservée par le P. Moulin, Mss. 1014, p. 77, nous apprend que « MichelClaume a fet édifier cette chapelle à l'honneur de Dieu l'an 1605. » En 1749, l'édifice menaçait ruine. « L'on continue, disait le P. Moulin, en 1750, l'édification de l'église et l'on est avancé au-dessus de la grande porte, où l'on a apposé les armoiries de la ville d'Aix, qui étaient jadis sur l'ancienne, sous l'arceau de laquelle était le portrait de saint Antoine du désert. » Puis il cite diverses inscriptions qui ont disparu, comme les armoiries d'Aix et la statue qui se trouvait dans la niche, au-dessus de la grande porte. — Il y avait au moins quatre autels, dans cette chapelle, dont l'un sous le vocable de Notre-Dame des Sept-Douleurs, le plus près du sanctuaire, à gauche. On y voyait, d'après l'inventaire de 1790, en dehors du tableau du maître-autel, « huit grands tableaux et cinq petits cadres dorés et autres, soit dans le corps de l'église ou dans la sacristie » et « cinq pièces de tapisserie en paysage, deux au sanctuaire et trois à la tribune. »

sont aujourd'hui ensevelies sous plusieurs mètres de terre. Il ne nous reste même pas une gravure de l'église ; aussi nous ne savons quelle était sa valeur.

Il est probable qu'on ne songea pas à en retirer le cœur du président Henri d'Oppède, non plus que l'inscription dont nous avons parlé. Les ornements et les meubles de l'église furent transportés à la chapelle de l'Annonciade, jolie construction du XVIIIe siècle, élevée sur l'emplacement d'une chapelle du XIVe ou XVe siècle, si l'on en juge par un fragment de sculpture, existant près de la porte d'entrée. Quelques années plus tard, les Carmes étaient dépossédés, comme toutes les communautés religieuses, et leurs biens, déclarés propriété de la nation, furent aliénés. Le couvent est encore debout, mais les dispositions intérieures ont été tellement modifiées, qu'il est difficile de se rendre un compte bien exact de ce qu'il était, avant de changer de destination. La chapelle de style grec, et dont la voûte est très élevée, sert aujourd'hui de dépôt de droguerie. En 1848, on y tenait un club. Il n'y a plus que les murs et le dallage en fort mauvais état, sans aucune inscription visible. Le P. Moulin en signalait quatre, l'une de 1567, l'autre de 1605, une sans date et la dernière de 1631. Les tombes existent encore sous le pavé actuel : il y a un certain nombre de caveaux contenant encore des ossements. Le clocher qui renfermait trois cloches, en 1777, a été abattu.

Il y avait, dans cette église, une chapelle sous le vocable de saint Antoine, dont l'autel en bois, orné de peintures, était fort ancien et méritait d'être conservé (1). Il a disparu en 1792. On y voyait deux autels en marbre : le maître-autel et celui de Sainte-Thérèse. Au-dessus du maître-autel se trouvait le tableau de *Daret*, représentant sainte Thérèse recevant l'habit de son ordre des mains de la Sainte Vierge et de saint Joseph (2). Il était dans un

(1) Saint-Vincens, Mss. 1036, p. 40.

(2) En 1679, de *Haitze* signalait dans l'église des Carmes trois belles

cadre doré avec « deux rideaux pour le fermer, en indienne fond bleu et fleurs blanches (1). » Le sanctuaire était orné de « pièces de tapisserie en paysage, » et fermé par une grille en fer forgé, datant du XVIIIe siècle.

La communauté, au moment de la suppression, se composait de quatre prêtres et un frère, présents à Aix, plus deux prêtres, dont l'un était parti pour les missions et l'autre aumônier du régiment de la marine (2).

Les Carmes déchaussés, appelés aussi Petits Carmes, pour les distinguer des Grands Carmes, établis à Aix dès 1257, paraissent avoir mené une existence très modeste dans la ville (3). Ils n'avaient pas de cimetière à la Rotonde,

toiles de Daret : « Hors la porte des Augustins et dans l'église des Carmes déchaux, on voit trois tableaux de l'illustre Monsieur Daret. Le premier représente sainte Thérèse qui reçoit l'ordre de la main de la Sainte Vierge et de saint Joseph qui luy en donne le manteau blanc. Le second représente saint Joachim, sainte Anne et la Sainte Vierge leur fille au milieu. Le troisième est un saint Jerosme dans sa grotte affreuse de Bethleem, la plume en main pour combattre quelque hérétique, ou pour l'exposition de quelque livre des Ecritures saintes ; et quantités de volumes à terre les uns sur les autres. Il tourne la tête au son effroyable de cette trompette qui doit se faire entendre, au dernier jour du jugement, que ce grand pénitent s'imaginoit continuellement d'ouïr. Il a un manteau rouge et un chapeau de cardinal auprez ; je ne sçay donc où est fondée l'opinion de ceux qui disent qu'il ne l'a jamais esté, puisqu'on ne le sçauroit connoître qu'avec ce symbole, ou cette différence avec laquelle on le peint ordinairement ; et qui luy semble par conséquent plus propre qu'à aucun autre saint de ce Sacré-Collège. » *Les curiositez de la ville d'Aix*, p. 176-177. La sainte Thérèse de Daret est aujourd'hui à la Madeleine. On l'avait d'abord déposée à l'église du Saint-Esprit, avec divers autres objets provenant du couvent, situé tout auprès.

(1) Inventaire des Carmes déchaussés d'Aix, 1790. Archives d'Aix.

(2) Voici leurs noms : « P. Saturnin Marie de Jésus, prieur ; P. Césaire de Saint-Joseph, sous-prieur (Jaubert) ; P. Jacques Raymond ; P. Thomas d'Aquin de Saint-Antoine ; Frère Bruno de Sainte-Elisabeth, dit François Valdeyroux. » D'après leurs déclarations de vouloir quitter le couvent, 5 et 7 janvier 1791, aux Archives d'Aix.

(3) Le P. Moulin ne signale dans leur première église que l'inscription du premier président, et, au cloître, celle d'un religieux aixois. « Au cloître des Carmes déchaussés, on lit au bas d'un tableau l'ins-

et il ne semble pas qu'ils aient enterré dans leur église sinon leurs confrères défunts ; nous n'avons retrouvé aucun acte mortuaire et quelques années seulement du registre des professions, au greffe du tribunal civil.

Une acte du 12 juillet 1768 nous fournit les noms suivants : P. *Jean André de Sainte-Anne*, prieur ; P. *Raphaël de Saint-Louis*, maître des novices ; P. *Desiderius de Sainte-Rose* ; P. *Alexis Marie de Sainte-Marguerite* ; P. *Paul de Saint-Etienne* ; P. *J. Louis de l'Enfant-Jésus*. Dans un autre nous relevons, en outre, les noms du P. *Damase de Saint-Hilaire*, du P. *Elisée de Saint-Jean-Baptiste*. La vente du couvent fut négociée par le P. *Alexis Marie de Sainte-Marguerite*, provincial et le P. *Alexis Joseph*, prieur de la maison d'Aix, avec le concours de l'archevêque d'Aix, *Jean de Dieu Raymond Boisgelin de Cicé*, premier procureur du pays.

Les Observantins

Quand on va de l'établissement des Bains Sextius à l'église Saint-Sauveur, on prend la rue du Bon-Pasteur (anciennement des Trabaux) qui aboutit à la place de l'Université. La première rue que l'on rencontre à gauche, portait autrefois le nom de rue des Cadaunes, ou Escaudanez, ou Las Estubos, ou das Caoudanos, ou de l'Observance. Elle s'appelle aujourd'hui rue des Etuves, en souvenir des eaux thermales qui se trouvaient dans les jar-

cription suivante, 1659 : « Venerabilis Pater Joannes Joseph a matre Dei, quondam Balthasar d'Estienne, post multa in armis præclare gesta, mundum exutus, accepta ab Urbano VIII summo pontifice ordinis veste, floruit pietate clarissimus et Carmeli montis vicarius obiit Laydæ magno sanctitatis odore.» Le religieux de cet ordre étoit de la famille des Estienne de cette ville, suivant sa pourtraiture naturelle. » P. 12-13.

dins et sous les maisons voisines (1). Elle est bordée de murs, dans lesquels s'ouvrent des portes de jardins, et c'est une des plus malpropres de la ville. Elle va d'abord du sud au nord, puis fait un coude à angle droit du côté de l'est, et va rejoindre la rue des Guerriers, en longeant d'un côté le mur du jardin de l'hôtel des Bains, de l'autre quelques maisons de médiocre apparence. Le jardin des Bains occupe l'emplacement de l'ancien cimetière de Saint-Sauveur, établi au XVIIIe siècle le long du rempart. Les maisons en question sont bâties sur les ruines du couvent de l'Observance et ses dépendances.

A l'endroit où la rue fait un coude, existait une place qui s'étendait jusqu'à la Tour de *Toureluco* et rejoignait le chemin de ronde ou lice, qui régnait aux pieds du rempart. Le rempart, en partant de cette tour, se dirigeait en ligne droite vers la porte des Cordeliers, laissant en dehors l'endroit où sont aujourd'hui les Bains. Sur cette place, un peu en retrait, était l'église des Observantins, dont le couvent bordait la rue des Etuves, dans la partie qui se dirige vers l'est ; puis venait l'établissement des Pénitents qui occupait le reste de la rue, jusqu'à la rencontre de la rue des Guerriers. Derrière le couvent et les Pénitents s'étendait un jardin « de la contenance d'environ 300 toises carrées, planté en arbres fruitiers. » Il y avait également un cimetière, dont l'emplacement est assez difficile à préciser. On lit dans le registre mortuaire, qu'on enterrait au cimetière, « devant la grande porte de l'église,» « près du couvent,» « près l'église,» « à main droite en sortant de l'église. » Mais la place exacte occupée par l'église n'est même pas déterminée. Etait-elle orientée, selon l'usage, et comme semblent l'indiquer les vieux plans ? N'avait-elle pas plutôt son entrée au nord, sur la rue des Etuves, et son chevet dans l'intérieur des jardins actuels ? Nous inclinons à le croire. On voit, en effet,

(1) Voir de Haitze, Mss. 1015, 2e partie, p. 40, et Roux-Alphéran, *Les Rues d'Aix*, I, 404-411, Rue des Etuves.

en bordure, au nord, une vieille porte dont l'architecture semble être du XVIIe siècle et qui a du caractère, bien qu'elle ait été démolie, jusqu'à la naissance de la voussure. C'est peut-être là une des portes de l'église. Mais alors où était le cimetière ? Derrière cette porte, dans une propriété privée, il y a des pans de mur, avec des restes de sculpture et une partie de fenêtres ogivales, qui nous semblent appartenir soit à la nef, soit à l'une des chapelles de l'église et qui sont orientées du nord au sud (1). Malheureusement, tout est dans un tel état de délabrement qu'il est difficile, même après un examen attentif des lieux, de se prononcer. Eglise, couvent, chapelle et local des Pénitents, tout a été vendu, démoli, partagé, et les murs en façade sur la rue sont le morceau principal des ruines, avec les chapelles dont nous venons de parler. Il y a, sur cet emplacement, trois ou quatre maisons, des jardins dans lesquels on voit des fûts de colonnes et des débris de sculpture, des serres et un établissement d'horticulture.

Les Observantins, ou religieux de la stricte observance de saint François, avaient fondé une première maison en Provence, en 1416, à *Saint-Pierre de Canon*, sur le territoire d'Aurons, près de Salon. En 1464, le conseil de la ville d'Aix leur céda un terrain près des Anciens Bains, au quartier qui fut appelé depuis de l'Observance. « Le chapitre (de Saint-Sauveur) donne son consentement à leur établissement, à condition : 1° qu'ils n'enterreront aucuns morts ; 2° qu'ils n'accepteront aucune institution

(1) D'après une note de M. Sabatier, ce seraient là trois chapelles latérales, qui ont été transformées en serres, en 1861. A ce propos, on viola les sépultures et on dispersa les ossements. Notons que la rue est de plusieurs mètres au-dessus du niveau des jardins et que presque tout le long règne un souterrain, voûté en pierre. Une phrase des délibérations du conseil d'Aix est significative, pour qui se rappelle le langage révolutionnaire : « Délibéré en outre de vendre le *vieux plomb* qui a été trouvé dans la maison des ci-devant Observantins. » Délib. du 27 septembre 1791. Avant d'aliéner le couvent de l'Observance, acquis par la ville, il fut question d'y installer un hôpital militaire (1791).

en meubles, immeubles, ni en argent, si ce n'est pour la bâtisse du couvent ou pour leur nourriture. La réputation du R. P. de *Sothono* leur attire des aumônes ; en 1466 leur couvent et leur église sont commencés, la première pierre est posée le 24 mai, et leur église est dédiée au mystère de l'Incarnation. » Saint-Vincens, mss. 1012, p. 299 (1). En 1483, un accord intervint entre le Chapitre et les Observantins, « à qui il fut donné permission d'enterrer ceux qui se laisseraient à leur église par testament, en payant lesdits religieux la quarte des cierges, draps, livres et autres oblations funéraires ; en renonçant à tous legs pour l'avenir qui ne seraient pas faits pour l'entretien des frères ou la fabrique de leur couvent. Ils se soumettent en cas d'infraction à ne plus pouvoir enterrer chez eux. Ils se soumettent encore à vendre dans l'an les fonds à eux légués et consumer le prix à leur usage. » *Ibid.* p. 332.

L'église de l'Observance était-elle remarquable par son architecture ? Nous l'ignorons. Beaucoup de familles nobles et bourgeoises y avaient leur sépulture (2).

En 1587, *François de Pérussis* s'y était fait enterrer dans un tombeau antique, provenant des Alyscamps d'Arles et qui est aujourd'hui (depuis 1839) au Musée, après avoir servi de réservoir aux eaux thermales. C'est un des plus beaux tombeaux d'Arles que l'on connaisse : il est en marbre blanc, orné de sculptures qui représentent le passage de la mer Rouge. M. *Gibert* le décrit, sous le n° 297, p. 197-201, dans son Catalogue du Musée et renvoie aux nombreux auteurs qui en ont parlé. Il a été souvent gravé, depuis que M. de Saint-Vincens le fit graver pour la première fois, par Lantelme, en 1788. Ce tombeau mesure 2,390 de long, 1,020 de large et 0,680

(1) De Haitze, mss. 1015, pièce 2, p. 83, dit simplement : « Les Observantins, dont la fondation est royale, en comptent l'ancienneté depuis 1464. »

(2) V. Roux Alphéran, les *Rues d'Aix*, I, 406-407, et le Mortuaire des Observantins au greffe du Tribunal civil.

de hauteur. Il était placé au-dessus du sol, dans la chapelle à gauche du maître-autel, propriété des Pérussis puis des Maynier et enfin des d'Oppède. Il y resta jusqu'à la démolition de l'église(1). Au-dessus, on y lisait l'inscription de François de Pérussis ; et dans cette même chapelle on avait gravé diverses inscriptions, spécialement en l'honneur du premier président Jean de Maynier qui n'existaient plus lorsque le P. Moulin fit son relevé (2). Sur l'autel de cette chapelle était un tryptique, dont deux des panneaux en bois représentaient François de Pérussis et Jean de Maynier à genoux. Ils ont disparu. Les diverses inscriptions, relevées par le P. Moulin, nous apprennent que l'église fut consacrée, le 27 mars, sans indication d'année ; que le cloître fut restauré de 1698 à 1702 ; que dans cette église reposaient le savant François de Clapiers, mort le 25 avril 1588, et le premier président Thomas Cuisinier, mort le 15 juin 1531.

L'esprit de pauvreté qui était celui des Observantins, explique le peu d'objets d'art signalés dans leur église : Saint-Vincens cite cependant encore deux toiles, l'une le baptême du Christ, par *François Mimault*, aujourd'hui à la Madeleine, et l'autre la sainte Vierge entourée des saints de l'ordre de Saint-François, déposée à l'ancien réfectoire, en 1791, et depuis détruite.

Les indications du livre mortuaire mentionnent le nom des diverses chapelles ou autels de l'église : l'*Ecce Homo*, Saint-Jérôme, Notre-Dame de Grâce, Notre-Dame des Anges, Notre-Dame de l'Annonciade, Saint-Joseph, Saint-Antoine, Saint-François, du Purgatoire, enfin la *grande chapelle*, non autrement désignée. La sépulture des religieux avait été d'abord au cloître ; en 1607, elle fut transférée à l'entrée du chœur et le premier religieux qui y fut déposé fut le F. *Bernardin Jourdan*, profès, âgé de 23 ans.

(1) Vers 1805, *Millin* le vit abandonné dans le jardin des Observantins. Les sépultures avaient été violées et l'église renversée.

(2) V. Recueil du P. Moulin, mss. 1014, p. 45-46, et Saint-Vincens, mss. 1036, p. 29.

Au moment de la suppression, en 1791, l'Observance avait 3289 l. 9 s. 7 d. de revenu, d'après l'inventaire officiel, dressé le 7 mai 1790. Il y avait huit Pères affiliés : le P. Ant. Roman, ex-provincial, prieur ; le P. Pierre Savournin ; le P. André Geoffroy, économe ; le P. Antoine Laurens ; le P. Alexandre Vache ; le P. Jean-Dominique Roman (neveu) ; le P. Gabriel Tonduti ; le P. Joseph Hélion. Les scellés furent apposés sur l'église, le ... février 1791, puis peu après tous les religieux quittèrent volontairement le couvent (1) et acceptèrent la pension déterminée par les décrets de l'Assemblée nationale.

La chapelle des Pénitents blancs était peut-être plus remarquable que l'église des Observantins. Elle était à l'angle formé par la rue des Guerriers et la rue des Etuves. On y remarquait une *Piéta* en marbre blanc, attribuée à Michel Ange, au-dessus du maître-autel, et donnée en 1545, par le comte de Tende, gouverneur de Provence. Elle est actuellement à la chapelle de l'Archevêché. De Haitze a décrit avec enthousiasme, dans les *Curiositez de la ville d'Aix*, p. 81-103, le plafond, qui représentait la résurrection de Notre-Seigneur. C'est la dernière œuvre de *Daret*, qui ne put même pas y donner tout le fini qu'il aurait désiré. Il y avait dans la chapelle, plusieurs tableaux représentant diverses circonstances de la passion, de la main de *Nicolas Pinson*, de Valence. Saint-Vincens les a vus, en 1791 (Mss. 1036, p. 27.) Depuis, que sont-ils devenus ?

Les Pénitents blancs de l'Observance ou de Notre-Dame de Pitié (qu'il ne faut pas confondre avec les Pénitents blancs des Carmes ou des Cinq plaies de Notre-Seigneur, fondés en 1561 et transportés, en 1654, à la rue

(1) V. les procès-verbaux d'inventaire, de pose des scellés au couvent et les déclarations des religieux, juin-juillet-août 1790, aux Archives d'Aix. Les Observantins avaient d'abord répondu, le 8 mai 1790, n'avoir aucune déclaration à faire. *Ibid.*

du Louvre), étaient les plus anciens de la ville. Ils se réunirent d'abord en la chapelle de Notre-Dame de Beauvezet (1) et portaient un sac bleu. Plus tard, ils prirent le sac blanc, et obtinrent des Observantins le droit de construire une chapelle et un lieu de réunion, sur les terrains de leur couvent. Les Observantins étaient leurs aumôniers et passaient pour « les meilleurs chantres de l'église, » du moins au XVIIIe siècle.

La compagnie des Pénitents de l'Observance était la mieux composée de la ville : les gouverneurs, les premiers présidents, les membres du parlement tenaient à honneur d'en faire partie. Les archevêques d'Aix en étaient aussi, et, en 1770, à l'enterrement de Mgr de Brancas, les Pénitents blancs étaient au nombre de 150. La faveur dont

(1) De Haitze fixe à 1517 la date de leur fondation, mss. 1015, pièce 2, p. 86. Un peu plus loin, p. 99, il dit : « La chapelle des Pénitents blancs du titre de Notre-Dame de Pitié, près l'Observance, est de 15.. Les dates de cette chapelle des pénitents ne sont que par rapport à la construction matérielle. » Saint-Vincens leur attribue une origine plus ancienne : « Les Pénitens blancs étaient établis à Aix depuis le milieu du XVe siècle. Ils firent d'abord leurs exercices dans la chapelle de Notre-Dame de Beauvezet. En 1515, ils furent s'établir sur un terrein que leur cédérent les Observantins. Des mss. anciens nous apprennent que l'établissement des Pénitens à Aix fut un des effets des sermons et de la mission que St Vincent Ferrier y fit, en 1408. Ces sortes de congrégations ont pris naissance en Provence. La 1re confrairie fut érigée à Avignon en 1226, leur couleur était grise. (Fantoni, *Histoire d'Avignon*, l. I, ch. 12). Louis VIII, roi de France, fut présent à leur première installation. M. Fleuri, *Histoire Ecclésiastique*, se trompe lorsqu'il ne fait commencer les Pénitens qu'en 1398. D'Avignon, ces établissements passèrent à Rome, où il y en avait en 1264. (Helliot, t. 8, *Histoire des Ordres monastiques*, in-4°, p. 260). Ainsi c'est à tort que plusieurs auteurs ont cru qu'il ne faut remonter qu'à la fin du XIVe siècle. Guillaume de Machau, en ses poésies, pièce intitulée : le Jugement du roi de Navarre, du 9 novembre 1349, dit que vers 1349, il y avait une secte de gens qui se battaient en chantant et M. Thiers, critique de l'*Histoire des Flagellans*, assure qu'il y en avait déjà en Italie, dans le XIe siècle. » Mss. 1012, p. 427-428. Ailleurs, mss. 1012 p. 383, Saint-Vincens dit que le premier établissement de ces Pénitents, à Notre-Dame de Beauvezet, est de 1517, comme de Haitze.

cette « Gazette (1) » était l'objet, permit d'orner magnifiquement cette chapelle. Les recteurs étaient les personnages les plus distingués. Henri d'Oppède le fut en 1664. Il succédait au duc de Mercœur. « Le duc de Mercœur était zélé pénitent de l'Observance. » On y voyait encore son portrait ainsi que le mausolée où est son cœur, et son chapeau de cardinal suspendu à la voûte. En 1664, il fit bâtir à ses frais le dôme de cette chapelle. Le premier président en était alors recteur. La première pierre est posée avec cette inscription : « Rectoris munere functus, mox restaurationis // nomen sibi fecit princeps potentissimus // dux Mercurius ac provinciæ hujus prorex // qui hoc pietatis monumentum posuit // die 25ᵉ Maii anno 1664 (2). » L'inscription n'est pas rapportée fidèlement, et il y a lieu de se demander si Saint-Vincens n'a pas fait erreur. Dans son recueil d'Inscriptions, le P. Moulin ne distingue pas entre les Pénitents blancs des cinq plaies et les Pénitents blancs de l'Observance. Il cite les diverses inscriptions relatives à la fondation de la chapelle des Pénitents des cinq plaies, puis il donne l'inscription de la première pierre du dôme, 1664 : « Rectoris munere functus, mox restauratoris nomen sibi fecit, augustam deluta eadem (?) ut pœnitentes fratres amplexantur commodius Ludovicus Vindocinensis princeps potentissimus dux Mercurius ac provinciæ hujus prorex hoc pietatis monumentum posuit, die XXV Maii anno MDCLXIV. Depuis, ce même dôme des Pénitens blancs a été refait avec plus d'étendue. » P. 53. La citation n'est pas non plus parfaite.

Apparemment, l'un des deux auteurs a confondu les deux confréries de Pénitents. Mais le portrait du duc de

(1) C'est le nom qu'on donnait à la compagnie, à cause de la chapelle, *Ciazzetta*, où elle fut établie. V. Saint-Vincens, mss. 1012 p. 383.

(2) Saint-Vincens, notes sur Aix. Mss. 1013, p. 943. Roux Alphéran, *Les Rues d'Aix*, t. 409-411, reproduit presque les paroles mêmes de Saint-Vincens, mss. 1036, p. 27-28. Il est positif que le duc de Mercœur fut recteur des Pénitents de l'Observance, on fit valoir ce titre lorsqu'on sollicita pour lui le chapeau de cardinal.

Mercœur était à l'Observance, c'est pourquoi nous adoptons le sentiment de M. de Saint-Vincens, d'autant plus que le P. Moulin n'est pas très clair, en ce passage.

Il est probable que les Pénitents de l'Observance n'avaient pas de cimetière distinct de celui des Observantins, et qu'on n'enterrait que fort peu, et peut-être pas du tout, dans leur chapelle. Le 18 septembre 1690, était intervenu, entre les Pénitents et les Observantins, un accord stipulant que « advenant le cas où laditte compagnie cesseroit ou bien que les dits frères pénitens quitteroient ou abandonneroient leur chapelle, les batiments et le sol de ladite chapelle appartiendront aux dits religieux. » Acte reçu par Mᵉ Daniel, not. à Aix (1).

Ce fut la Nation qui se substitua aux Observantins : le 11 octobre 1792, des commissaires de la municipalité d'Aix dressèrent « l'Inventaire des Pénitens blancs dits de l'Observance, » et le 6 décembre 1792, les ornements furent transportés dans une des salles du collège, avec ceux qui provenaient des diverses maisons religieuses. Les vases sacrés furent envoyés à la monnaie de Marseille, en vertu d'une délibération de la municipalité et d'un arrêté du district. De l'établissement des Pénitents, il reste quelques pans de murs, sur la rue des Etuves, reconnaissables aux pierres de taille d'une porte et d'une autre ouverture aujourd'hui bouchées. A la maison qui fait le coin de la rue des Guerriers et de la rue des Etuves, on voit encore deux pieds droits des arceaux de l'église, peut-être du dôme. Dans le jardin, un vieux puits date du temps des Pénitents, enfin, des « quatre évangélistes en pierre de Calissane » portés sur l'inventaire du 11 octobre 1792, il en existe encore au moins trois, dans les enclos voisins, où ils sont posés sur des piédestaux, et en assez bon état de conservation. Nous les y avons vus en février 1889.

(1) Acte cité dans l'Inventaire des Observantins, 7 mai 1790. Les Pénitents payaient aux Observantins une rente annuelle de 56 l. *Ibid.*

NOMINATION DE HENRI D'OPPÈDE

PIÈCES OFFICIELLES

LETTRE DE LOUIS XIV AU PARLEMENT D'AIX, RELATIVE A HENRI D'OPPÈDE, POURVU D'UNE CHARGE DE PRÉSIDENT, DANS LAQUELLE IL FUT REÇU, LE 10 FÉVRIER 1646.

De par le Roy comte de Provence.

« Nos amés et féaux, le sieur d'Oppède, cy devant conseiller et à présent pourvu d'une charge de président en votre Compagnie, s'étant présenté pour satisfaire à la citation qui luy avoit été faite par arrêt de notre conseil du mois de juillet dernier, nous avons été pleinement informés de ses actions qui ont donné sujet à la plainte et à notre mécontentement, et nous sommes restés suffisamment éclaircis de sa fidélité et affection pour notre service ; c'est pourquoi nous vous écrivons celle-cy par l'avis de la Reine régente, notre très honorée dame et mère, pour vous dire que nous avons satisfaction de sa personne et que nous luy avons permis de s'en aller en Provence se faire recevoir en ladite charge de président, sans que, sous prétexte dudit arrêt, il en puisse être empêché par qui que ce soit, car tel est notre plaisir. Donné à Paris le 26 janvier 1646. Signé, Louis et plus bas de Loménie.»

Il y a arrêt à la barre, 10 février 1646. Mss. 953, Délibérations du Parlement. V. plus haut p. 41.

« Venons maintenant au président d'Oppède. Dès qu'il eut été nommé à sa charge de premier président, il en fit part à la Compagnie peu de jours après, il prêta ensuite serment entre les mains du Roy, et partit pour venir prendre possession de sa charge. Il arriva à Aix, le 25e de novembre. La cour avoit député quatre conseillers et un des gens du Roy pour aller au devant de luy jusques à l'extrémité du terroir. Les consuls s'y rendirent aussi, de même que tous ses parents et amis qui estoient en grand nombre, ce qui formoit un grand cortège de carrosses et de gens à cheval. Le peuple charmé de voir un ses compatriotes élevé à la première dignité de la province, accourut en foule pour le recevoir, et par ses cris de joye et d'allégresse, il augmenta la pompe de son entrée. Le lendemain il fut receu au Parlement avec les cérémonies ordinaires. Le même jour de la réception du Premier Président, le cardinal Grimaldi arriva à Aix, pour prendre possession du siége archiépiscopal (1). »

Délibération du 26 octobre 1655.

« Ayant été reçu une lettre de M. de Mesgrigny sur ce qu'il s'étoit démis de sa charge de premier président et que M. d'Oppède en avoit été pourvu, ensemble une lettre de M. Foucard avocat au conseil, ont été faites les réponses cy après.

Lettre a M. de Mesgrigny

« Monsieur, nous ne saurions vous dissimuler notre déplaisir sur la réception de la lettre que vous nous avez fait la faveur de nous écrire, et si bien l'emploi d'être parmi nous et chef de cette Compagnie étoit au dessous de ce que votre vertu mérite, si est-ce, Monsieur, que nous nous étions persuadés que l'affection avec laquelle nous agissions, vous porteroit à ne nous quitter pas, mais puisque c'est une loy de la nécessité et votre intention, vous nous permettrez de vous dire que cette Compagnie ayant été accueillie par des coups de ses envieux, elle a besoin d'une personne de votre poids qui la protège, et ose se promettre cette grâce de vous, qui lui avez donné de si fortes preuves de votre affection aux affaires qui luy sont arrivées, nous vous en supplions et de croire que le souvenir nous sera toujours présent et que nous sommes, etc. » Mss. 954. La lettre de Mesgrigny n'est pas citée. Suit la lettre à M. de *Foucaud* qu'il est hors de propos de reproduire.

(1) *Hesmivy de Moissac*: Histoire du Parlement, Mss. 902, p. 468.

Délibération du 5 octobre 1655.

« Ayant été reçu lettre de M. d'Oppède de la teneur qui suit.

Lettre de M. d'Oppède

« Messeigneurs. L'honneur que je viens de recevoir d'être nommé et pourvu par le Roy de la charge de premier président en la Compagnie, m'est un nouveau lien à votre service qui me sera toujours plus cher que toutes les choses du monde. Je vous supplie, Messeigneurs, d'agréer ces premiers respects, en attendant que je me puisse rendre près de vous, et par mes actions vous donner des preuves de mon zèle. Je souhaitterois avoir en moy tout ce qui seroit nécessaire, pour l'importance de cette charge, mais comme les plus grands hommes du royaume composent votre illustre Compagnie, je n'auray qu'à suivre vos exemples et vous présenter pour toute excuse les services de trois des miens qui ont rempli cette même place, et vous faire souvenir qu'en tous rencontres j'ay eu passion de vous servir : je le vous continueray toute ma vie et fairay gloire que le service du Roy et le vôtre en occupent tous les moments que je sacrifieray avec joye pour ce sujet et avec les mêmes sentiments que je suis, Messeigneurs, votre..., etc. » Signé Oppède, à Paris le 23 septembre 1655. Mss. 954.

Réponse a la Lettre de M. d'Oppède

« Monsieur. La nouvelle que vous nous avez donnée de votre promotion en la charge de premier président en cette Compagnie, nous est d'autant plus agréable, qu'elle nous fait espérer de vous voir bientôt parmy nous rendre au Roy et au public le service que nous luy devons, vous vous hatterez, Monsieur, s'il vous plait, autant qu'il vous sera possible, assuré que vous y trouverez toujours une forte passion et en votre particulier les assurances d'affection que vous pouvez souhaitter de ceux qui sont déjà, Monsieur, etc.

« Vous nous fairez la faveur de recommander avant votre départ les affaires de la Compagnie à Messieurs les ministres, principalement l'affaire du prévôt et archers et des évocations comme très importantes. » Mss. 954.

« Du 26 novembre 1655. Messieurs assemblés, en voyant la requette présentée par M. Henry de Maynier, baron d'Oppède, pour être reçu en la charge de premier président de laquelle il a été pourvu par Sa Majesté, par la démission de M. Jean de Mesgrigny dernier paisible possesseur, l'information prise sur sa bonne vie et mœurs, religion catholique, apostolique et romaine, et les conclusions du P. G. D. R., a été pourvu par arrêt étant au greffe, et a été dit à Me Paul d'Estienne, greffier civil, d'aller au logis du premier président, pour le luy faire sçavoir, afin de venir prendre sa place et prêter le serment, a été aussi arrêté que seront écrittes des lettres au Roy, à la Reine, et à M. le cardinal de Mazarin en remerciement... »

Lettre au Roy

« Sire. Le choix que Votre Majesté a fait de M. le baron d'Oppède, pour remplir la place de premier président en cette Compagnie nous a été si agréable et nous l'avons si bien reçu, que nous ne mériterions pas de jouir de ce bien si nous n'en faisions cette protestation à Votre Majesté. Ses belles qualités nous promettent beaucoup, mais surtout l'union qu'il désire parmi nous, dont il nous a donné déjà des marques, nous fait espérer que le temps de nos séances et de notre ministère sera utilement employé. Nous vous remercions, Sire, de ce bien, et supplions très humblement Votre Majesté de croire qu'il n'y a Compagnie dans le Royaume qui soit avec plus de soumission et de respect, etc. »

Lettre a la Reine

« Madame. La place de premier président en cette Compagnie ayant été remplie de la personne de M. le baron d'Oppède, nous sommes obligés d'en remercier très humblement Votre Majesté comme d'un bien qu'elle nous a procuré. Ses bonnes qualités, Madame, et son inclination à l'union de ce corps nous en font tout espérer et la passion que nous avons au service du Roy assistée par les bons mouvements qu'il y a, nous donne sujet, Madame, d'espérer que Votre Majesté nous faira l'honneur de nous considérer, etc. »

Lettre a M. le cardinal Mazarin

« Monseigneur. M. le baron d'Oppède avait toutes les qualités qui sont requises pour remplir dignement la place de premier président en cette Compagnie ; il est néanmoins bien raisonnable, Monseigneur, que nous l'ayant procuré nous en rendions à Votre Eminence nos très humbles remerciements ; nous le faisons, Monseigneur, d'autant plus volontiers que son inclination à l'union de ce corps nous a déjà paru avec tout le zèle que nous pourrions désirer, et il ne nous reste plus, Monseigneur, qu'à supplier Votre Eminence de nous faire l'honneur de nous continuer sa protection, et croire qu'il n'y a Compagnie dans le Royaume qui soit plus que nous, etc. »

Lettre a M. le comte de Brienne

« Monsieur. Cette Compagnie écrivant au Roy et remerciant Sa Majesté de l'envoy qu'il nous a fait de M. le baron d'Oppède, elle a bien voulu vous faire ces lignes pour assurer que l'obligation qui nous en demeure est très grande, et que y ayant contribué, nous vous en devons nos remerciements. Vous les recevrez, s'il vous plait, Monsieur, de même cœur que nous sommes, etc... »

« Du 18 décembre 1655. A été recu la lettre cy après de M. le cardinal de Mazarin.

« Messieurs. J'ay toujours bien cru que seriez ravis d'avoir M. d'Oppède pour premier président, voyant revivre en luy les vertus de ces fameux chefs de votre Compagnie desquels il est descendu. Dans la satisfaction que j'ay d'avoir pu contribuer à un si digne choix, ce m'est un surcroy de joie de voir celle que vous en avez, et vous ne devez pas douter que je ne tache toujours de faire toutes les choses qui seront le plus au gré et à l'avantage de votre Compagnie, étant comme je suis, Messieurs, votre très affectionné serviteur. Signé : Le cardinal Mazarin. » A Paris le 9 décembre 1655. Mss. 954.

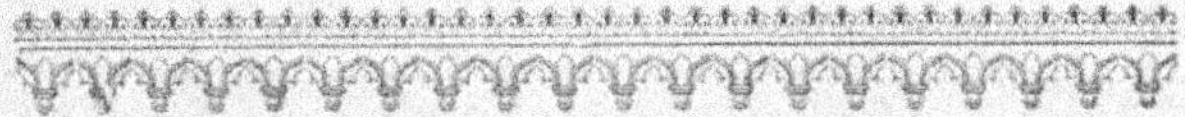

QUELQUES LETTRES A COLBERT

Monsieur,

La ville d'Arles ayant député en Cour M. de Robiac Estoublon, leur viguier, je n'ay peu refuser à leur prière de l'accompagner du témoignage de la vérité en faveur de ce gentilhomme qu'il est de naissance, de mérite et très bon serviteur du Roy; et que la ville d'Arles mérite de recevoir des grâces de Sa Majesté et l'honneur de vostre protection par la bonne conduite qu'elle a toujours tenue. C'est, Monsieur, votre très humble et très obéissant serviteur.

Oppède.

A Aix, le 8 feb. 1663.

Bibl. Nat. Mélanges Colbert, vol. 114, f. 646.

Monsieur,

J'ay trouvé dans la grâce que je viens de recevoir du Roy, au sujet de l'Evesché de Tollon, tout ce qui pouvoit faire mon plus grand bonheur et ma plus parfaitte satisfaction, la manière avec laquelle le Roy a fait la chose, la protection toute ouverte dont il vous a pleu m'y honorer et les sentiments de bonté que j'ay veu dans vostre lettre et dans celle que vous avés escrit à M. le duc de Mercœur, me donnent des mouvements de joye inconcevables et des sentimens si dévoués de recognoissance et d'abandonnement pour vous, Monsieur, que je puis vous dire non avec toute l'expression que je souhaitterois et qu'il seroit nécessaire en cette occasion, mais avec toute la syncérité, la vérité et la foy que doibt professer un homme de bien et d'honneur, et qui est la meilleure fasson de s'expliquer, qu'il n'y a personne au monde qui soit plus à vous que je le suis et qui fasse plus de gloire d'estre vostre créature. Je voudrois estre un sujet plus fort et plus méritant, sur lequel vous peussiés myeux recueillir les fruits de tout ce dont je vous suis redevable ; je ne puis me présanter et me donner à vous que tel que je suis; du moings vous peus-je asseurer, Monsieur, que ma fermeté, mon attachement et mon abandonnement à vous servir et à vous plaire pourront suppléer au deffaut de mon mérite. Ayant l'honneur de vous cognoistre comme je le fais, je suis seur que des plus grandes protestations et plus réitérées sont inutilles; les effets en toutes les occasions parleront pour moy, et je ne quitteray touts les sentiments que j'ay eu l'honneur de vous desnoncer et que je vous réitère en cette occasion qu'avec la vie. Vous voullés bien, Monsieur, que je vous fasse une pareille protestation pour mon frère, que je vous le donne et vous l'offre; je vous supplie de l'accepter et de croire que tout ce qui me touche conserve pour vous les mesmes sentiments.

Je vous envoye, Monsieur, ce qui m'est tombé en pensée et (ay) peu pénétrer sur les propositions de M. le chevalier de Clerville, il vous plaira les faire examiner et m'ordonner ce qu'il vous plaira sur ce sujet. (M. de Clerville intendant général des fortifications).

J'ay envoyé à M. de Brienne un projet de déclaration pour la supression des corratiers d'Arles qui fait une des conditions de la composition contenue en l'arrest dont j'envoyay le projet à M. Béchameil et qu'il vous a pleu signer, pour la modération de la taxe de cette ville pour le remboursement des officiers du semestre. Nos troupes vivent fort dans l'ordre, on va faire les resveues fort exactes à présent que le fonds destiné à leur entretien sera venu.

C'est. (je vous envoye, Monsieur, une lettre que M. le duc de Villars vient de m'adresser pour mettre dans mon pacquet, il a certainement très bien servi le Roy au Comtat).

Monsieur, vostre très humble et très obéissant serviteur.

Oppède.

A Aix, le 27 feb. 1663.

Mélanges Colbert, vol. 114, *f.* 777-778.

Monsieur,

Estant entièrement persuadé que la grâce que je viens de recevoir de Sa Majesté, en la nomination de l'éveschė de Tollon, est un effet de l'honneur de vostre protection et des bons offices qu'il vous a pleu me randre auprès d'elle, j'entre dans une particulière obligation de vous en témoigner ma recognoissance et de vous protester que ma satisfaction sera toute entière si cette dignité qui est au-dessus de mes mérites me donne plus de moyen de vous randre quelque service, estant persuadé comme je le suis de l'advantage que nostre maison reçoit de vostre apuy et protection, j'ose vous suplier très humblement, Monsieur, de me la continuer, vous protestant que ma conduite sera telle dans cest employ que ceux qui me l'ont procuré auront subjet d'en estre satisfaits, et pour ce qui vous regarde, je conserveray toute ma vie un respect tout particulier pour vostre personne et un attachement inviolable à vostre service, vous protestant qu'il n'y a homme au monde qui soit avec plus de passion que moy, Monsieur, vostre très humble et très obéissant serviteur.

L. de Forbin d'Oppède.

A Aix, le 27 février 1663.

La signature seule est autographe, la lettre est d'une autre main.

Mélanges Colbert, vol. 114, *f.* 779-780.

Monsieur,

L'indisposition de M. le président d'Oppède m'ayant obligé de remettre nostre assemblée au 25 du mois, je me rendis hier en cette ville, pour estre à l'ouverture que je feray lundy sans plus différer quoique nous n'ayons icy que les députés des communautés, M. d'Oppède ne pouvant s'y rendre que dans les premiers jours du mois prochain, pour faire la demande du don gratuit, à cause de la foiblesse que luy a laissé la maladie. Cependant on travaillera aux comptes des procureurs du pays et je feray tous mes efforts pour disposer les esprits à donner une prompte satisfaction à Sa Majesté. Je vous supplie, Monsieur, d'estre persuadé aussi bien de l'attachement que j'aurai toujours pour vos intérest et de la passion respectueuse avec laquelle je suis, Monsieur, vostre très humble et très obéissant serviteur.

Grignan.

A Lambesc, le 26 septembre 1671.

Mélanges Colbert, vol. 157 *bis*, *f.* 566.

Monsieur,

La santé de M. le président d'Oppède ne luy permettant point de venir icy que dans les premiers jours de la semaine prochaine, j'ay cru ne devoir pas différer plus longtemps l'ouverture de nostre assemblée qui s'est fait aujourd'huy où les députés des communautés feront le serment et les autres choses nécessaires sous M. de Gérard, advocat du roy au siége d'Arles que j'ay commis en attendant que M. d'Oppède soit en estat de faire la demande du roy et qui a plusieurs fois servy très utilement Sa Majesté en pareille occasion. Cependant, Monsieur, je ménageray nos consuls pour les disposer à faire promptement leur devoir et je rechercherai avec toute l'application imaginable les occasions de vous donner des marques de l'attachement respectueux avec lequel je serai toute ma vie, Monsieur, vostre très humble et très obéissant serviteur.

GRIGNAN.

A Lambesc, le 30 sept. 1671.

Mélanges Colbert, vol. 157 *bis, fol.* 593.

MONSIEUR,

Je me donnay l'honneur de vous escrire par l'ordinaire précédent (1) que l'assemblée nous devoit offrir cent mille escus pour le don gratuit, ce qu'elle fit seulement vendredy matin, la maladie de M. d'Oppède qui garde le lit depuis plus de quinze jours et qui ne pouvoit pas assister aux conférences a esté la principalle cause de cette lenteur, mais présentement qu'il se porte beaucoup mieux nous allons travailler de concert pour pousser nos deputez avec toute la vigueur imaginable et les obliger de donner une entière satisfaction au Roy, je n'oublie rien pour leur faire comprendre les dépenses que Sa Majesté faict pour la seureté de leur commerze et les avantages considérables qu'ils en retirent, affin de les porter à faire promptement leur devoir. J'espère, Monsieur, que je serai assez heureux pour y réussir et pour vous donner des marques de mon zèle au service du Roy, et de l'attachement respectueux avec lequel je suis, Monsieur, vostre très humble et très obéissant serviteur.

GRIGNAN.

A Lambesc, le 25 oct. 1671.

Mélanges Colbert, vol. 157 *bis, fol.* 693-694.

MONSIEUR,

L'indisposition de M. le président d'Oppède qui continue toujours et l'absence de Mrs. les évesques qui vont passer les festes dans leurs diocèses nous ont obligés de congédier nos deputez jusqu'au trois du mois prochain. Je n'ay pas cru leur devoir refuser ce temps là qu'ils

(1) Cette lettre manque dans le volume.

m'ont demandé avec empressement, pour aller mettre ordre à leurs affaires, estant résolu de ne leur donner ensuite aucun relâche jusqu'à ce que nous les ayons portez au point que Sa Majesté désire. Je vous supplie très humblement de croire, Monsieur, que je feray tous mes efforts pour en venir promptement à bout, et pour vous faire connoistre par le soin que j'auray d'exécuter vos ordres, la passion respectueuse avec laquelle je serai toute ma vie, Monsieur, vostre très humble et très obéissant serviteur.

GRIGNAN.

A Lambesc, le 28 octobre 1671.

Mélanges Colbert, vol. 157 *bis, fol.* 698-699.

MONSIEUR,

L'indisposition de M. le premier président d'Oppède a servy de prétexte pour donner congé aux députtés des communautés d'aller à leur maison pour dix jours, ce qui m'oblige de les aller passer à mon église n'y ayant rien à faire durant ce temps là pour le service du Roy, et assurément, Monsieur, l'on a cette année la mesme conduite de longueur que les précédentes. Je suis toujours avec la mesme vénération et le mesme attachement, Monsieur, vostre très humble et très obéissant serviteur.

L'EVESQUE DE MARSEILLE.

A Lambesc, ce 28 octobre 1671.

Mélanges Colbert, vol. 157 *bis, f.* 700. V. fol. 715-716 autre lettre du même, datée de Marseille du 31 oct. 1671, qui se termine ainsi : « Je retourne à Lambesc le lendemain des festes, espérant que la santé de M. d'Oppède nous permettra de finir l'assemblée au plustost avec la satisfaction du Roy. » Il y a dans cette lettre des détails sur le commerce de Marseille.

MONSIEUR,

Nos députés sont de retour fort satisfaits de la permission que nous leur avons accordée d'aller passer les festes chés eux, et j'espère que ce petit relasche ne sera pas inutile pour les porter plus aisément à faire leur devoir. Je crois aussi qu'il est à propos de ne les point presser pour le reste de cette semaine affin que M. d'Oppède qui a esté plus mal depuis huit jours et qui commence à se porter mieux soit en estat d'assister aux assemblées, où j'ay remarqué qu'il falloit nécessairement qu'il y eut une personne d'autorité pour appuyer les délibérations. Comme ma charge ne me permet pas d'y entrer et que l'indisposition de M. d'Oppède l'a empesché de s'y rendre, les esprits y ont esté bien moins souples depuis quelques jours : nous allons travailler de concert, pour nous en rendre les maistres et les disposer à faire de bonne grâce ce que Sa Majesté désire d'eux.

Je vous supplie très humblement de croire, Monsieur, que je n'oublierai rien pour y réussir et pour vous donner des marques de l'attachement respectueux avec lequel je suis M...

Grignan.

Sans date mais de nov. 1671.

Mélanges Colbert, vol. 157 *bis, f.* 725.

Monsieur,

Je viens de voir mourir M. le premier président d'Oppède ensuite d'une maladie qui n'a pas esté connue en son commencement, et qui dans la suite a été au dessus des remèdes ; c'est une perte très considérable pour les affaires du Roy dans la province. M. le comte de Grignan en donne avis à Sa Majesté, et moy aussy pour demander ses ordres sur ce qui est à faire à l'assemblée, cependant il a jugé à propos de nommer pour commissaire le sieur Gérard advocat du Roy au siège d'Arles, qui est le mesme par devant lequel l'ouverture de l'assemblée avoit été faite, affin de pouvoir faire avancer les députés à donner une entière satisfaction à Sa Majesté. Et quoy que ce soit une personne de mérite il n'a pas un grade d'autorité pour pouvoir agir utilement par luy mesme, nous avons pris avec M. de Grignan des mesures pour avancer les affaires en attendant vos derniers ordres, et nous avons lieu d'espérer de la bonté du Roy et de vostre protection, Monsieur, que Sa Majesté diminuera sa demande de la somme de cinq cens mille livres, afin que dans ce changement qui arrive on ne voye pas qu'on augmente le don au delà de celuy de l'année précédente, néantmoins nous obéirons aveuglement à vos ordres.

Et comme les depputés ont fait connoistre qu'ils avoient intention d'envoyer le cahier au Roy après la fin de l'assemblée et qu'ils désirent de se servir de moy pour le porter à Sa Majesté, avec les résolutions de l'assemblée, je pourray, Monsieur, en ce voyage, si Sa Majesté le trouve bon vous donner une entière et véritable connoissance de l'estat de toutes les affaires de la Province, avec toute la fidélité et tout le zèle que je dois. J'espère, Monsieur, que vous me fairés cette grâce d'en estre persuadé, et que je ne cesseray jamais de chercher les occasions pour donner au Roy des témoignages de mon zèle pour son service, et à vous, Monsieur, de l'estime que je faits de l'honneur de vostre protection et de la reconnoissance respectueuse avec laquelle je serai toute ma vie, Monsieur, vostre très humble et très obéissant serviteur.

L'Evesque de Marseille.

De Lambesc, ce XIII novembre 1681.

Mélanges Colbert, vol. 157 *bis, fol.* 748.

Monsieur,

Nostre assemblée après avoir rendu les derniers devoirs à la mémoire de feu M. le premier président d'Oppède a commencé aujourd'huy à travailler, car pendant la maladie de M. d'Oppède l'on n'a rien fait. Les députtés suivent la conduite qu'on leur a laissé prendre d'aller pied à pied, et on a délibéré de donner 350 mille l.; dans peu de jours ils iront à quatre cent mille l. ; cependant nous recevrons vos derniers ordres par le retour du courrier qu'on a envoyé. Si Sa Majesté a la bonté de réduire son don cette année à 450 mille l., nous tascherons d'y porter l'assemblée en cherchant quelque prétexte comme l'année dernière, et si Sa Majesté veut absolument les 500 mille l. nous aurons beaucoup de peine, puisque jamais le don n'a esté jusque là, néanmoins nous mettrons tout en œuvre pour l'entière satisfaction de Sa Majesté. Je suis toujours, Monsieur, avec le même respect, vostre très humble et obéissant serviteur.

L'Evesque de Marseille.

A Lambesc, ce 18 novembre 1671.

Mélanges Colbert, vol. 157 *bis, fol.* 776.

Monsieur,

Je suis obligé par le zèle que j'ay pour le service du Roy et par l'inviolable fidélité que j'ay pour son service de vous représenter, Monsieur, que si Sa Majesté se détermine à choisir dans cette province un premier président pour ce parlement, elle trouvera en la personne de M. le président de la Rocque toutes les qualités qu'il faut. Sa Majesté peut s'assurer de sa fidélité et d'un entier abandonnement à son service, sa conduite passée lui doit servir de garant, ayant toujours soutenu dans sa compagnie où il est fort accrédité tous les intérêts du roy et il a toujours été uni avec feu M. le premier président d'Oppède dont il est parent, étant de même maison. Sa Majesté l'a honoré dans les derniers mouvemens de cette province de plusieurs commissions importantes dont il s'est dignement acquité. Enfin, Monsieur, je puis vous en répondre comme de moi-même et si je n'en estois si solidement assuré je n'oserois pas vous tenir ce langage ; il est au roy, il aime la justice, il est désintéressé, il sera à vous, Monsieur, comme j'y suis, vous y pouvés faire fondement comme de l'attachement respectueux avec lequel je suis, Monsieur, vostre très humble et très obéissant serviteur.

L'Evesque de Marseille.

A Lambesc, ce 19 novembre 1671 (1).

Mélanges Colbert, vol. 157 *bis, fol.* 782.

Monsieur,

J'ay eu l'honneur de vous faire sçavoir (2) comme nostre assemblée a déliberé de bailler 400,000 l. pour le don gratuit, et nous attendons le retour du courrier, pour sçavoir les dernières intentions de Sa Majesté afin de travailler d'y porter l'assamblée et la finir en mesme temps.

Aujourd'huy on a esleu les nouveaux procureurs du pays, le premier est M. le marquis de la Barben, de la maison de Forbin dont je suis, et neveu de M. le major des gardes du corps (3), je puis vous assurer, Monsieur, de sa fidélité et de son zèle pour le service du Roy, et dans les occasions il en donnera des marques effectives. Je retourne à Lambesc et je suis toujours avec une esgale soumission, Monsieur, vostre très humble et très obéissant serviteur.

L'Evesque de Marseille.

A Aix, ce 29 novembre 1671.

Mélanges Colbert, vol. 157 *bis, fol.* 782.

(1) Le 25 novembre 1671, M. *Delorme*, délégué de la Chambre de Commerce de Marseille, à Paris, écrivait aux échevins, à propos du premier président : « Il y a ici quelque bruit que M. *de Bezon* occupera sa place, toutefois il n'y a rien encore d'assuré. » Archives de la Chambre de Commerce, BB, 255. Colbert ne se pressa pas et ce ne fut ni M. *de Besons*, intendant du Languedoc, ni M. *de Forbin La Roque* qui fut nommé, mais bien M. *Arnoul Marin*, proche parent du ministre, et seulement le 4 novembre 1673.

(2) Cette lettre manque.

(3) Louis de Forbin. V. un reçu de 500 livres signé de lui, le 31 décembre 1672. Bibl. Nat. Cabinet des titres, dossier 26,954. En 1679, il était capitaine-lieutenant de la première compagnie des Mousquetaires. *Ibid.*

Monsieur,

J'ay eu l'honneur de vous escrire par le courrier dépesché par M. de Grignan qui n'est point encore de retour, et par tous les ordinaires, pour vous informer de l'estat de nostre assamblée ; nous attendions vos derniers ordres, mais n'ayant point reçeu de vos lettres, mesme depuis le commencement de cette assamblée, j'ay seulement apris aujourd'huy par M. de Grignan que vous luy faisiés sçavoir, Monsieur, que Sa Majesté ne vouloit pas se relascher de la somme de 500 mille livres, ce qui m'obligera de redoubler mes soins, pour porter nos députtez à se soumettre aux intentions du Roy ; ce n'est pas, Monsieur, que comme le don gratuit n'a jamais esté si grand, on ne rencontre les dernières difficultéz, cependant je puis vous assurer, Monsieur, que je ne m'y épargneray en rien et qu'en toutes rencontres je tascheray de vous faire connoistre mon zèle pour le service (du Roy) et la passion très respectueuse avec laquelle je suis, Monsieur, vostre très humble et très obéissant serviteur.

L'Evesque de Marseille.

A Lambesc, 7 décembre 1671.

Mélanges Colbert, vol. 157 *bis, fol.* 826.

Monsieur,

Je me trouve incommodé depuis quinze jours d'une tumeur au col qui m'a donné la fièvre et des douleurs aiguës qui m'ont empesché d'agir comme j'eusse souhaité, pour porter l'assamblée à donner au Roy les 500 mille livres à quoy M. le comte de Grignan m'a dit que Sa Majesté s'estoit fixée, suivant ce qu'il a appris par vostre dépesche, nous allons mettre tout en œuvre pour cela, mais la misère de la Province, le grand nombre des quartiers et des routes des troupes et l'exaction de divers droits du domaine nous sont continuellement opposés. J'avois eu l'honneur, Monsieur, de vous escrire pour sçavoir si on pourroit laisser prendre quelque expédient là-dessus, et comme je n'en ay reçeu aucune réponse j'agiray sur ce qu'il vous a plu en escrire à M. de Grignan, pour finir au plutost cette assamblée, du moins je ne négligeray aucun soin pour cela et pour vous tesmoigner, Monsieur, que je suis toujours avec une vénération particulière, Monsieur, vostre très humble et très obéissant serviteur.

L'Evesque de Marseille.

A Lambesc, ce 13 décembre 1671.

Mélanges Colbert, vol. 157 *bis, fol.* 840.

NOTES DE L'ORAISON FUNÈBRE

NOTE I

L'évêque de Toulon était absent (1), il s'agit de l'évêque de Marseille, qui officiait pontificalement.

Toussaint de Forbin Janson, troisième fils de *Gaspard*, marquis de Janson, et de *Claire de Libertat*, sa seconde femme (qu'il épousa le 21 août 1622), naquit vers 1630. Dès le berceau, il fut reçu chevalier de Malte, puis il prit l'habit ecclésiastique, et fut nommé, en 1656, coadjuteur de *Raphaël de Boulogne*, évêque de Digne, auquel il succéda en 1658. En 1659, il fut désigné, avec l'évêque de Vence, Antoine Godeau, pour remplir les fonctions de procureur joint pour le clergé aux Etats, par arrêt spécial du conseil, sur les indications du président *d'Oppède*. Dès lors, il commença à exercer une très grande influence. En 1664 et 1666, il vint à la cour et y fut très apprécié. Il y traita diverses affaires de la province, en particulier, celle du nouvel affouagement, terminée en 1666 (les lettres patentes sont de janvier 1666, vérifiées au parlement le 23 mai. V. Arch. des B.-du-Rh., C. 43). En 1667, l'évêque de Vence fut remplacé, comme procureur du clergé, par *Louis de Forbin*, évêque de Toulon, et frère du premier président. L'année suivante, *Toussaint de Forbin* fut transféré au siége de Marseille, vacant par la mort d'*Etienne Du Puget*, et il conserva les fonctions de procureur joint qui lui avaient été personnellement dévolues. Son intervention dans les délibérations des Etats est sans cesse signalée : le comte de Grignan dut compter avec lui, malgré le peu de sympathie qu'il éprouvait à son endroit. Colbert et Louis XIV faisaient grand cas de l'évêque de Marseille, qu'ils chargèrent de missions diplomatiques

(1) Il assista au service célébré à Toulon, pour le premier président, en vertu d'une délibération du conseil de ville, en date du 24 novembre 1671. V. Archives de Toulon, série BB., registre 64, fol. 394. C'était une marque de déférence donnée au premier président et au prélat, son frère.

importantes auprès du duc de Toscane, puis de la diète de Pologne qui élut roi *Jean Sobieski*, en 1673. L'évêché de Beauvais étant devenu vacant, en 1679, Louis XIV y nomma Toussaint de Forbin. Plus tard, il lui donna la croix de commandeur du Saint-Esprit, en 1689, après la mort de l'archevêque d'Arles *François de Grignan ;* puis, en 1690, il lui obtint le chapeau de cardinal. Pair de France, cardinal, grand aumônier de la cour, pourvu de gros bénéfices, Toussaint de Forbin était un personnage de marque : son activité, son entente des affaires, le faisaient apprécier partout. Il mourut le 24 mars 1713, âgé de 84 ans. Cfr. Dictionnaire des hommes illustres de Provence, et Artefeuil. En 1675, Jean de Gaillard, évêque d'Apt (1671-1695), frère de Madame de Venel, sous-gouvernante des enfants de France, avait été élu procureur du clergé, à la place de M. de Janson. Il existe à la Bibl. Nat. deux volumes des lettres diplomatiques du cardinal de Janson, fonds français, n°s 10655, 10656 ; et un volume de ses lettres à la marquise d'Uxelles, fonds français, n° 12769. La Bibliothèque d'Aix possède ses lettres relatives à son ambassade à Rome, pour l'affaire de la Régale, mss. 319 et 320. Parmi les portraits de Provence, à la même Bibl., I, 116, on conserve celui du cardinal de Janson, *Ant. Masson ad vivum pinxit et sculp. ;* c'est l'en-tête d'une thèse dédiée au cardinal par *F. Granier*, de Marseille, en 1691. A la Bibl. Nat., Cabinet des titres, Pièces originales, vol. 1193, dossier 26,954, n° 78, on voit les armoiries de Toussaint de Forbin Janson, évêque de Beauvais, pair de France, avant sa promotion au cardinalat. Il y a beaucoup de lettres de lui, dans la série des 500 Colbert et des Mélanges Colbert, à la Bibl. Nat.

Note 2

Les citations de l'orateur, faites de mémoire, ne sont qu'approximatives. Ainsi le texte du discours est pris du chapitre X de l'Ecclésiastique, verset 10, qui porte : « Magnus et judex, et potens est in honore : et non est major « illo qui timet Deum. » « Le grand, le juge et le puissant sont en honneur : mais aucun n'est plus grand que celui qui craint Dieu. »

De même, les paroles attribuées à Moïse, sont en réalité de Jérémie. Voici le texte exact : « Et dixi : A, a, a, Domine « Deus, ecce nescio loqui, quia puer ego sum. » « Et je dis :

Ah ! ah ! ah ! Seigneur Dieu, vous voyez que je ne sais parler, car je suis un enfant. » Ch. I, verset 6. Ce qui est vrai, c'est que Moïse, envoyé par Dieu auprès de Pharaon, s'excusait sur sa difficulté de parole, mais les termes dont il se servait ne sont pas ceux-là.

Note 3

Henri d'Oppède aurait été nommé garde des sceaux, comme un de ses prédécesseurs, Du Vair, si Mazarin eût vécu plus longtemps. Voir mss. 1013, p. 929.

On sait que le duc de Mercœur avait épousé une nièce de Mazarin et que le premier président avait gagné la confiance absolue du gouverneur et du premier ministre.

Note 4

Sur Jean de Maynier, voir ci-dessus, p. 22-30. Le P. *Daverdy* exagère un peu la durée de sa détention, qui n'eut pas lieu seulement à la Bastille, mais en diverses prisons; en outre, ce fut avant son procès et non après, qu'il fut lieutenant du roi par intérim. V. encore ci-dessus, p. 127-132.

Quant à *Palamède de Forbin*, mort en février 1508, et enterré, sans cérémonies ni épitaphes, aux Observantins, il est trop connu pour que nous insistions. Les Forbin et les Maynier travaillèrent de toutes leurs forces à l'union de la Provence à la France.

Note 5

Aymare de Castellane La Verdière était une femme d'une grande énergie et d'une vertu austère. Elle avait un grand amour des pauvres, et tous les ordres religieux de la ville d'Aix ressentirent les effets de sa charité. Elle portait un intérêt spécial à l'Ordre du Carmel : le 4 septembre 1625, elle obtint du cardinal de Bérulle six religieuses, pour l'établissement du couvent d'Aix. Elle les logea au faubourg Saint-Jean, leur fit construire une église, dans laquelle fut sacré, en 1664, Louis de Forbin, évêque de Toulon, son fils, et peu à peu le couvent se développa. Il est aujourd'hui occupé par les PP. Oblats et l'église actuelle fut commencée le 19 mars 1695. Deux des filles d'Aymare de Castellane y prirent le voile : l'une d'elles, sœur Thérèse de Jésus-Maria-Joseph, y mourut en août 1648. L'autre s'appelait sœur Marguerite-des-Anges. Elle était née en 1618, fit son noviciat à Arles, fut prieure d'Aix et mourut en odeur de sainteté, en 1707. En 1637, Aymare de Castellane fit venir à Aix les Carmes déchaussés. Elle les aida de tout son pouvoir et vit commencer leur couvent, en dehors de la porte des Augustins (1647).

Elle mourut âgée d'environ 50 ans, en août 1649. Elle fut enterrée dans le cloître des Carmélites, à côté de sa fille, morte à 22 ans, sous une simple dalle, que M. le marquis de Forbin a fait relever, ces dernières années, et transporter au cimetière d'Aix. Les pauvres pleurèrent sa mort et le Parlement s'associa à la douleur de sa famille : il assista au convoi et les conseillers portèrent le poêle (1).

Durant la période troublée de 1640 à 1649, elle montra qu'elle était femme de tête. Veuve de très bonne heure (1631), et très jeune, elle éleva ses 12 enfants avec le plus grand soin, veilla à leur établissement et chercha à leur inculquer des principes de conduite sévères. Voici ce que dit Henri d'Oppède, dans son Livre de raison : « Dieu m'a voullu affliger de la mort de Madame Aymare de Castellane de La Verdière, ma mère, femme d'une insigne piété, à l'âge de cinquante ou cinquante-un an ; elle est enterrée au couvent des Carmélites de cette ville d'Aix et dans leur cloistre, et je luy ay fait mettre une pierre à la mode de ces bonnes religieuses avec son inscription. A Aix le seze aoust 1649. »

La famille de Castellane est une de celles dont la généa-

(1) *Saint-Vincens*, notes sur Aix, Mss. 1013, p. 871. On lit dans les délibérations du Parlement, Mss. 955, à la date du 17 août 1649 : « Après que la Cour a été avertie par les avocats mandés pour cet effet en la chambre, du décès de la dame présidente d'*Oppède*, a été arrette et député quatre de Messieurs pour aller autour du corps à la manière accoutumée. » Il y avait, en effet, une tradition à laquelle le Parlement se conforma encore en 1678, à la mort de *Marie-Therèse de Pontevès de Montfroc*. « Du 16 décembre 1678, a été fait sçavoir à la Cour la mort de Mad[e] la première présidente d'Oppède, et après avoir vu le Registre du 17 août 1649, sur les honneurs rendus à la feue dame première présidente d'Oppède, les chambres ayant été assemblées, mis en délibération, a été arretté qu'il sera député un de M[rs] les présidents et quatre de M[rs] les con[rs] pour aller faire compliment et plaindre le deuil, et aux autres cas les cérémonies contenues aux précédents registres seront observées. Et à cet effet sont été deputtés M[r] le président de Forbin, Mr de Perier et de Signier, de la grand'chambre, d'Honorat de la Tournelle et de Perier des enquêtes. » Mss. 955.

logie est la plus difficile à débrouiller. V. Bibl. d'Aix, mss. 646, Généalogie des Castellane jusqu'en 1765.

La branche des Castellane La Verdière, à laquelle se rattache Aymare de Castellane, s'est éteinte dans la personne de J.-B. de Castellane, époux de Berthe de Cabre Roquevaire, mort sans enfants, et qui institua son héritier J.-B. de Forbin, fils aîné du premier président. Cette branche avait fourni Jean de Castellane La Verdière, fameux ligueur, né à La Verdière le 10 septembre 1544, mort premier consul d'Aix, et enterré, à Saint-Sauveur, le 18 décembre 1548. Deux des frères de Jean furent aussi de fougueux ligueurs : Balthazard de Castellane d'Ampus, né le 7 juillet 1560, mort le 12 mars 1598, à La Verdière, et Louis-Honoré, né le 20 mai 1559, mort le 25 mars 1598. Balthazard de Castellane fut premier consul d'Aix en 1589. Depuis la mort de J.-B. de Castellane, le château de La Verdière appartient aux Forbin d'Oppède. V. la Monographie de la Verdière, par M. de *Forbin*, in-4°, 1880, spécialement p. 47-83. Cfr. Tables contenant les Provençaux illustres, par *Pierre d'Hozier*, Aix 1667, p. 222. Il y est parlé avec de grands éloges d'Aymare de Castellane, rangée parmi les saintes de la noblesse de Provence. Le P. Daverdy avait probablement connaissance de cet ouvrage. Mme d'Oppède avait fait aménager une chapelle dans son hôtel.

Note 6

Le cardinal de Vendôme avait été envoyé en Provence comme gouverneur, en 1652. « V. Lettres patentes du roy pour Messire Louys de Vendosme, duc de Mercœur, pair de France, pour le gouvernement de Provence, publiées en la Cour des comptes, aydes et finances, le 29 may 1652, avec le discours faict par Me Noel Gaillard, sur la présentation d'icelles en la dite Cour. A Marseille, chez Claude Garcin, imprimeur du roy, du clergé et de la ville, 1652. » 30 p. in-4°. Archives d'Arles, fonds *Louis Mège*, volume Troubles de Provence, pièce 28.

Son père, César de Vendôme, était le fils aîné de Henri IV et de Gabrielle d'Estrées, duchesse de Beaufort. Louis de Vendôme, né en 1622, porta le titre de duc de *Mercœur*, jusqu'à la mort de son père, en 1665. Compromis dans la cabale des *Importants*, il se retira en Angleterre avec son père et son frère puiné, le duc de Beaufort. Ils revinrent après la mort de Richelieu, et, en 1651, Louis de Vendôme ayant épousé *Laure Mancini*, l'aînée des nièces de Mazarin, fut très en faveur. Son gouvernement en Provence fut heureux, il pacifia le pays ; puis, comme il était assez indolent et ami du plaisir, il laissa Henri d'Oppède, beaucoup plus intelligent que lui, gouverner en son nom. D'ailleurs il s'absenta plusieurs fois, spécialement en 1656 et 1657, pour commander l'armée de Lombardie. Il eut une carrière militaire assez bien remplie, mais il ne fit nulle part preuve de talents extraordinaires. En Provence, il tint énergiquement la main à ce que l'autorité du roi fût respectée, secondé d'ailleurs dans cette tâche par le premier président. Leur bonne entente était vivement critiquée, si on en juge par ce passage des Mémoires de M. de *L'Estang Parades*, à la date de 1664 : « Il n'est rien arrivé de remarquable dans la province, si ce n'est la continuation de l'union étroitte entre le gouverneur et le premier président, tous deux dépendants des passions des ministres et surtout de M. Colbert, et buttant à faire exécuter les édits, quelque fâcheux qu'ils soient, étant soupçonnés, surtout le premier président, d'y faire ses affaires aux dépens du public. » *Musée*, 1875-1876, p. 268.

En 1657, le duc de Mercœur perdit sa femme et, en 1660 il vit mourir son troisième fils, Jules-César (28 juillet), à peine âgé de 3 ans 1/2. Plus tard il embrassa l'état ecclésiastique, et fut promu au cardinalat par le pape Alexandre VII, en 1667. Pendant qu'il alla à Rome recevoir le chapeau, et à Paris pour prêter serment, d'Oppède le remplaça dans le gouvernement du pays. Revenu à Aix au milieu de 1668, il y mourut, le 6 août 1669. On lui fit des obsèques solennelles et il fut enterré à Vendôme, dans la sépulture de sa famille. Le cardinal de Vendôme n'a pas échappé à la malignité de la critique, mais il n'y a pas lieu de s'en étonner, encore moins de s'en émouvoir. Ami des arts, il favorisa les peintres alors fort nombreux dans Aix. Sur son séjour dans cette ville, voir *Roux Alphéran*, les Rues d'Aix, I, 199 et II, 443, qui nous semble avoir admis trop facilement les légendes populaires. Sur ses funérailles voir la *Gazette de France* de 1669, p. 809, 833, 848.

Son oraison funèbre fut prononcée à Saint-Sauveur, le 16 septembre 1669, par le P. Amable de Riom, gardien du couvent des religieux pénitents du Tiers Ordre de Saint-François (Picpus) d'Aix. Nous en avons dit un mot p. 72. C'était un homme distingué, le premier supérieur des PP. Picpus établis à Aix, en 1666, et supprimés en 1787. Ils habitaient auprès de la chapelle de Notre-Dame de

Beauvezet, qu'ils desservaient. Leur couvent existe encore, mais la chapelle, qui datait du XIIIe siècle, a été démolie. V. *Roux Alphéran*, les Rues d'Aix, I, 219 et 223.

Note 7

La réunion du Comtat à la France ne paraît pas avoir provoqué un bien vif étonnement en Provence.

Jacques de l'Estang-Parades, dans ses Mémoires, dit simplement à la date de 1663 : « Ce qui se passa de plus considérable dans nos cantons fut la Révolution d'Avignon, dont le Roy s'empara à la sollicitation de la plupart de la noblesse et des habitants du Comtat. Le sujet de cela fut la mauvaise justice du vice-légat et des officiers du Pape, et la dure condition d'aller poursuivre à Rome les appels des sentences du pais. » *Musée*, 1875-1876, p. 267. Ce n'était là qu'un prétexte : en réalité, Louis XIV voulait obtenir du pape *Alexandre VII* les réparations refusées, pour les outrages que la garde corse avait infligés à l'ambassadeur de France, auprès du Saint-Siège, le duc de *Créquy*, en blessant plusieurs personnes de sa suite et en tuant un de ses pages, le 20 août 1662. Les négociations traînaient en longueur, le Pape trouvant les exigences de Louis XIV excessives. Le roi de France brusqua le dénouement en s'emparant d'Avignon, où il avait pris soin de fomenter le mécontentement contre le vice-légat *Gaspard de Lascaris-Castelar*, des comtes de Vintimille. « C'est un spectacle historique vraiment singulier de voir le roi le plus autoritaire, le plus absolu de son temps, le roi *très chrétien, le fils aîné de l'Eglise*, exciter à la révolte les sujets du Pape, se les attacher par des caresses, des cajoleries, et surtout par des promesses fallacieuses de sa protection, qu'il leur refusa lorsqu'elle leur était le plus nécessaire, lorsque les Avignonais, après la restitution de leur ville au Saint-Siège, se trouvèrent en butte à la haine et à la vengeance de la cour de Rome, qui ne pouvait leur pardonner d'avoir librement reconnu le roi de France pour leur souverain » *Histoire des Réunions temporaires d'Avignon et du Comtat Venaissin à la France par P. Charpenne*, Paris, Calmann Lévy, éditeur, 3, rue Auber. (*H. Guigou*, imprimeur à Avignon) t. I., p. 15, 2 vol. in-8°. Le premier est à voir en entier, spécialement les chap. VIII à XX, p. 83-254. Cfr. Papon IV, 600. Pitton, p. 492.

On a lieu, en effet, de s'étonner de la conduite de Louis XIV, qui invoquait absolument les mêmes arguments que la Constituante, en 1791. Déniant aux papes leurs droits à la domination du Comtat, il prétendit qu'ils ne possédaient Avignon que comme un dépôt, dont ses ancêtres leur avaient confié la garde.

Le Parlement d'Aix eut mission de faire valoir juridiquement ces prétentions, et de revendiquer cette portion inaliénable du domaine royal. « Nous continuons nos procédures sur le sujet d'Avignon, écrivait d'Oppède à Colbert, le 27 janvier 1663, et nous renvoyons demain faire la dernière signification à M. le vice-légat. Nous serons en estat de prononcer et déclarer l'utilité des deffauts le 14e du mois de mars, si le Roy l'ordonne de la sorte. » Mélanges Colbert, vol. 114, f. 425.

Dès le mois d'octobre 1662, le Parlement avait assigné le Pape, en la personne de son vice-légat, à comparaître à la cour, pour y déclarer sur quels titres il possédait le Comtat. L'assignation naturellement fut dédaignée et le Parlement instruisit l'affaire par défaut. La procédure marchait lentement, pendant que le Pape négociait un accord, rendu difficile par l'orgueil de Louis XIV. Les conférences furent rompues, au moment où l'on se croyait d'accord, et l'ordre arriva de Saint-Germain au Parlement de prononcer l'arrêt, qui déclarait Avignon et le Comtat réunis à la couronne de France, dont ils n'avaient pu légitimement être désunis. Voici, d'après le mss. 654, la délibération du Parlement :

Du 26 juil. 1663. MM. assemblés, M. le premier président a dit qu'il a fait assembler Messieurs sur le sujet d'une dépêche qu'il a reçu du Roy avec des lettres pour la continuation du Parlement, Sa Majesté désirant que la cour procède au jugement des défauts contre notre Saint-Père le Pape, pour raison de la réunion qu'il demande de la ville d'Avignon et Comté Venaissin à la couronne, luy ayant envoyé un ordre particulier pour cela, duquel lecture ayant été faite ensemble des lettres de continuation datées de Paris, le 17e de ce mois, M. de *Rabasse*, procureur général, a dit que le roy par une lettre de cachet luy a ordonné de tenir la main pour la prompte expédition desdits défauts, c'est pourquoy il n'empêche l'enregistration desd. lettres et requiert qu'il soit procédé au jugement desd. defauts. A été arresté que lesdites lettres de continuation du Parlement seront enregistrées et exécutées pour ce qui regarde le jugement desdits défauts seulement, et s'étant M. de *Gaulier*, conseiller du Roy, doyen en la cour, commissaire mis au bureau et fait le rapport du procès, les pièces vues a été pouvu par arrêt étant au greffe. » L'arrêt est consigné parmi les arrêts à la barre et cité en majeure partie par M. *Charpenne*, I., 122-123.

Le 27 juillet 1663, d'Oppède, accompagné de huit

conseillers, entra dans Avignon, força le vice-légat d'en sortir, reçut le serment des habitants et établit partout l'autorité du roi. Le *comte de Mérinville* fut nommé gouverneur pour le roi et ses lettres furent enregistrées le 4 septembre 1663 (Mss. 954 de la Bibliothèque d'Aix). Il était déjà en possession de sa charge, et il avait fait son entrée à Avignon le 28 août : ce fut alors que d'Oppède revint à Aix, après avoir organisé la justice royale dans le Comtat. Le nouveau gouverneur donna des fêtes magnifiques à l'occasion du mariage de sa fille (23 mars 1664) avec Louis-François de La Baume, comte de *Suze*. En même temps, on répandit dans le public une brochure destinée à décrier la justice papale, sous ce titre : « *Extrait de quelques déclarations des excès soufferts par les habitants de la ville d'Avignon et du Comté Venaissin.* » Elle fut imprimée en 1663.

Après ce coup de force, Louis XIV voyant que le Pape ne cédait pas encore, menaça de l'aller assiéger jusque dans Rome, et les troupes françaises entrèrent dans le Parmésan. Alexandre VII fut obligé d'accepter toutes les conditions du roi, par le traité de Pise, conclu le 12 février 1664.

Le cardinal *Flavio Chigi*, neveu du Pape, fut envoyé en France et il débarqua à Marseille, les premiers jours de mai. Il se rendit, le 3 juillet, à Fontainebleau, où il vit le roi, puis fut reçu en audience solennelle, le 29 juillet. Le cardinal Chigi fit partout la meilleure impression : le Pape n'aurait pu mieux choisir. Toute cause de discorde cessant, la domination papale fut rétablie à Avignon, où le légat se rendit vers la fin d'août. Le 31 juillet 1664, Louis XIV fit expédier une ordonnance restituant Avignon au Pape et cassant toutes les procédures du Parlement d'Aix. Celui-ci l'enregistra sans retard.

Délibération du 7 août 1664 : « Mrs les présidents et conseillers étant dans la ville, M. le premier Président a dit que cette assemblée étoit au sujet des lettres patentes du roy portant cassation des arrets, actes et procédures faites sur la réunion de la ville d'Avignon et Comtat à la couronne, pour raison de quoy Sa Majesté en a écrit à la cour et à luy pour tenir la main à l'enregistrement d'icelles, sur quoy MM. de Boniparis et de Rabasse, avocat et procureur généraux étant dans la chambre, n'ont empêché led. enregistrement avec un arrêté qui puisse sauver les intérêts de la couronne, se réservant en temps et lieu d'en faire leurs très humbles remontrances au Roy. Mis en délibération, a été pourvu par arrêt sur la vérification desdites lettres patentes étant au greffe. Et a été arrêté qu'il sera mis sur le registre que cette enregistration est faite attendu le très exprès commandement du Roy et sans qu'elle puisse préjudicier à l'avenir aux droits de la couronne comme étant inaliénables et imperceptibles (*sic*), pour raison de quoy la cour se réserve d'en faire ses très humbles remontrances au roy.

« Et, sur la révocation des commissaires qui avaient été établis, a été fait arrêt étant au greffe. »

M. Charpenne, t. I, p. 187-188, cite l'ordonnance du roi. Voici la lettre de cachet adressée au Parlement :

« De par le roy comte de Provence.

« Nos amés et féaux, en conséquence du traitté fait à Pise, le 12 février dernier, entre Notre-Saint-Père le Pape et nous, nous avons remis Sa Sainteté en possession de la ville d'Avignon et du Comtat Venaissin, ainsi que vous verrez qu'il est plus au long exprimé dans nos lettres de déclaration que nous avons fait expédier à cette fin, et vous les envoyant pour les faire exécuter et observer selon leur forme et teneur, nous vous mandons et ordonnons qu'aussitôt qu'elles vous seront présentées et toute affaire cessante, vous ayez pour l'effet susd. à les faire publier et enregistrer sans y apporter ni retardement ni difficulté, car tel est notre plaisir.

« Donné à Fontainebleau, le 31 juillet 1664. Signé : Louis, et plus bas : De Lionne. » (Mss. 654, à la suite de la délibération du 7 août 1664).

Le vice-légat *Lascaris* rentra dans Avignon, le 20 août 1664, et prépara l'entrée solennelle du légat Chigi, qui eut lieu le 8 septembre. Ce dernier partit le 14 septembre et Lascaris, relevé de ses fonctions, fut remplacé par *Colona*, qui se trouva aux prises avec mille difficultés.

Le mécontentement fomenté par le roi de France porta ses fruits. Les promesses du roi ne furent pas tenues, et ceux qui s'étaient compromis pour lui eurent beau recourir à sa protection, il ne les écouta pas et prêta son appui énergique au rétablissement du pouvoir papal. Le duc de Mercœur et d'Oppède reçurent l'ordre de veiller à ce que l'autorité du vice-légat fût respectée. Ils ne manquèrent pas à cette mission et les Avignonais durent regretter d'avoir obéi aux suggestions de Louis XIV, en se révoltant contre le Pape, leur légitime souverain. Un arrêté, pris le 16 décembre 1664, à Villeneuve-les-Avignon, par le duc de Mercœur et Henri d'Oppède, les obligea à se soumettre désormais aux ordres du vice-légat, que Louis XIV prenait sous sa protection. Il écrivit lui-même aux consuls d'Avignon, le 14 janvier 1665, d'avoir à obéir sans résistance et de s'en rapporter en tout à ce que leur diront d'Oppède et Mercœur (V. Charpenne, I, p. 484-485, aux Pièces justificatives).

Voici en quels termes le roi avait notifié au premier Président la mission délicate qu'il lui confiait :

« Monsieur d'Oppède, j'ai jeté les yeux sur mon cousin, le duc de Mercœur, secondé de vos bons avis, pour aller tous deux travailler, à mon nom, au rétablissement de l'autorité du Pape et du Saint-Siège, dans la ville d'Avignon, de la manière que vous verrez que je prescris par un mémoire que j'adresse à mondit cousin, et qu'il vous communiquera. Il a été juste que je vous donnasse le moyen de mériter envers la cour de Rome, après vous avoir employé dans les embarras passés, en des choses qui n'y auront pas rendu votre personne fort agréable, quoique je sache que cela vous soit fort indifférent, ne vous proposant pour but que celui de me bien servir. Ce que je me promets que vous continuerez de faire encore en cet important ouvrage. Et me remettant de tout le détail audit mémoire, je prie Dieu qu'il vous ait, Monsieur d'Oppède, en sa sainte garde. Ecrit à Paris, le 25 novembre 1664. *Signé :* Louis, et plus bas, Lionne. » Rapporté par *Charpenne*, I, 223, qui n'indique pas où il a pris cette lettre — selon un regrettable procédé de son ouvrage, où les références sont presque absolument négligées.

Nous n'avons pas la lettre à laquelle le P. *Daverdy* fait allusion, mais il est évident que d'Oppède exécuta ponctuellement et avec zèle les ordres qu'il reçut, en en laissant l'entière responsabilité à l'autorité dont ils émanaient, autorité qu'il ne lui venait même pas à l'esprit de discuter. Son habileté et sa diplomatie empêchèrent peut-être de plus grands désordres, à l'occasion de ces malencontreuses difficultés entre Alexandre VII et Louis XIV.

Note 8

Le premier président commença par avoir trois filles, puis naquit son premier fils. « L'année mille six cents quarante huit et le 1 febvrier, environ l'heure de neuf heures du soir est né Jean Baptiste mon fils. Son parrin a esté M. Jean Baptiste de Castellane sr de La Verdière, mon oncle, et sa marrine Clere Françoise de Forbin Maynier, ma sœur, femme de M. de Bormes et a esté baptisé dans St-Sauveur le (date en blanc). » Livre de Raison. On lit dans les registres paroissiaux de Saint-Sauveur, au greffe d'Aix, registre de 1637-1655, f. 782 verso : « Jehan Baptiste fils de Messire Henry de Maynier de Fourbin, baron d'Oppède, président en la cour du Parlement de Provence et de dame Marie Thérèse de Pontevès a receu l'eau du saint baptesme sans les cérémonies le 2 febvrier 1648, le p. Michel Bourrylli, la m.

Aymare de Castellane, signé : Denis Trouilhas. » A 17 ans, Jean-Baptiste de Forbin fut primicier de l'Université d'Aix, en 1665 ; l'année suivante il fut nommé assessseur d'Aix, grâce au crédit de son père.

Henri d'Oppède le destinait à la magistrature, et, dans son dernier voyage à la cour, il avait obtenu de Louis XIV, la promesse d'une nomination prochaine avec dispense d'âge (1). Le roi n'oublia pas cette promesse : « Sa Majesté voulut bien, en veue de ses services et du mérite personnel du sr marquis d'Oppède son fils (bien qu'alors il n'eût pas 22 ans et n'eût possédé aucune charge) lui accorder par lettres patentes, la dispense d'âge, de parenté et de service, pour être président à mortier aud. Parlement de Provence, et luy procurer un office de président aud. Parlement, qui se trouvoit pour lors vacant aux parties casuelles, et le taxer en sa faveur 70,000 l., bien que la fixation fût de 120,000 l. ; grâce qui fut trouvée extraordinaire par toute la France, dans un temps qu'on avoit interdit trois maîtres des requêtes pour avoir supposé être plus âgés qu'ils n'étoient pas, bien qu'ils eussent d'ailleurs le service et les autres qualités requises pour exercer lesd. charges, et que le fils de

(1) V. Archives des Affaires Etrangères, Fonds de France, registre 1728, fol. 104-105. Lettres patentes du roi en date du 19 septembre 1670, qui accordent à J.-B. de Forbin, âgé de 22 ans et demi, à la requête de son père, dispense d'âge et de parenté pour remplir l'office qu'il achètera au Parlement d'Aix « à cause de la satisfaction qui nous reste des recommandables services du sieur d'Oppède, et de la fermeté avec laquelle il a toujours agi pour notre intérêt et pour l'administration de la justice dans les temps même les plus troublés. »

V. *Ibid.*, fol. 227-228. Lettres patentes accordant dispense d'âge et de service à J.-B. de Forbin d'Oppède pour une charge au Parlement d'Aix, 19 août 1672. Il y est fait rappel des services du premier président, et il y est dit que J.-B. de Forbin, âgé alors de 24 ans ne pourra avoir voix délibérative avant 27 ans, puis ne présidera pas avant 37 ans. V. *Ibid.*, fol. 255-256. Permission à J.-B. de Forbin de servir à la grande chambre du Parlement jusqu'à ce qu'il ait 27 ans, 20 mars 1674. Ce sont des minutes, voir les originaux aux Archives du Var, sous la date inexacte de 1672-1674, puisqu'une pièce est de 1670.

Archives du Var, titres de famille E, 312, liasse, 4 p. parchemin 1672-1674. Lettres patentes du Roi Louis XIV accordant à J.-B. de Forbin-Maynier, baron d'Oppède, dispense d'âge et de service pour pouvoir être nommé aux fonctions de président à mortier au Parlement de Provence. — Autres lettres patentes du même roi le nommant à ces fonctions. — Extrait d'arrêt de la Cour des Comptes, aides et finances portant enregistrement de ces lettres. — Quittances des sommes à verser, par suite de cette nomination, faites à J.-B. de Forbin par le trésorier des revenus casuels du roi et par le trésorier general du marc d'or.

M. de *Lamoignon*, premier président au Parlement de Paris,eust esté obligé de passer par la charge de conseiller pour remplir celle de maitre des requestes, tant il est vrai qu'on observoit en ce temps là les rigueurs des ordonnances ; mais Sa Majesté les modéra, en cette occasion en faveur dud. sr d'Oppède fils, en vue des signalés services rendus par le feu sr son père. » Histoire du Parlement par *Gudi*, mss. 905, p. 176-177 et dernières.

Il fut pourvu, par lettres datées du 12 mai 1673, de la charge de président vacante par la mort de Jean-Augustin de Foresta de La Roquette (1661) non encore remplacé.

Le 15 décembre le conseiller d'Agut fit le rapport sur sa requête, et le 19 décembre 1673,« Messieurs assemblés pour procéder à la réception de M. de Forbin, marquis d'Oppede, en la charge de président, a esté arrêté que ledit P. d'Oppède demeurera à la grand'chambre jusqu'à ce qu'il aye voix délibérative, qui sera conformément à ses lettres lorsqu'il aura atteint sa 27me année, et led. temps arrivé, led. sr président d'Oppède ira servir à la chambre Tournelle ; et après a esté procédé à sa réception par arrêt au greffe. » Mss. 955.

Peu après, J.-B. de Forbin épousa Charlotte-Marie Marin, sœur d'Arnoul Marin de La Chasteigneraye (1630-1699), nommé premier président en 1673 (1) et reçu en cette charge le 9 juin 1674. Marin épousa Marguerite de Forbin, fille du premier président et se trouva doublement beau-frère de J.-B. de Forbin(2). Celui-ci fut nommé intendant à Messine, en 1676, durant l'expédition du duc d'Estrées, puis embassadeur en Portugal, en 1679. Il mourut à Aix le 5 juin 1701 et son corps fut porté à Oppède « dans la sépulture de ses ancêtres » dit le Registre de Saint-Sauveur, 1692-1702.

Le fils ainé de J.-B. de Forbin — il eut cinq enfants — fut reçu conseiller au Parlement le 15 mai 1702, et aban-

(1) V. Archives des Affaires Etrangères, Fonds de France, vol. 1728, f. 337-338, la minute des lettres patentes du premier président en faveur de Marin, sous la date du 4 nov. 1673. Elles rappellent les services de son père, intendant des finances depuis vingt quatre ans et lui-même est qualifié « maitres des requêtes ordinaires de notre hôtel, ci-devant conseiller au Parlement de Metz, intendant des finances à Orléans. »

(2) Ce fut grâce à Marin que J.-B. de Forbin obtint par lettres du 20 mars 1674, enregistrées le 3 oct. suivant, la faveur de servir toujours à la grande chambre. V. le Mss. 955 à la date du 3 oct. 1674.

donna sa charge trois ans après. Depuis lors, cette famille ne fut plus représentée au Parlement. Voir Hesmivy de Moissac, mss. 902, p. 663. Voici d'après le Cabinet des Titres, pièces originales 1193, dossier 26,954, les titres qu'il prenait : « J.-B. Henry de Forbin Maynier, Castellane, Pontevès, chevalier, marquis d'Oppède, seigneur de La Verdière Varages, S. Julien, Bezaudun et autres places. » Reçu du 19 mars 1721, Malherbe, not. à La Verdière.

Note 9

L'éducation d'Henri d'Oppède avait été très soignée et sa mère s'était appliquée à en faire un chrétien accompli. Elle lui inspira surtout une grande charité pour les pauvres. Elle fit divers legs pieux que Henri d'Oppède acquitta en conscience. « En mourant, ma mère laissa entre les mains du Père Planchette, jésuiste, son confesseur, un roolle qu'elle désiroit que j'acquitasse après sa mort, que le Père Planchette m'a remis originellement qui consiste en ces propres termes.... » Livre de raison. Suit une série de 24 articles. Le P. *Christophore Planchette* était alors au collège d'Aix dirigé par les Jésuites depuis 1621. Vincens Anne de Maynier, en qualité de président du Bureau de Bourbon, avait beaucoup contribué à le leur faire obtenir. Ce fut lui qui leva les dernières difficultés et qui mit le P. *Claude de Suffren* en possession du collège et de l'église Saint-Louis, le 31 août 1621. Henri d'Oppède leur fut également très favorable. Le P. Planchette est peu connu : les Mss. de *François de Rebatu* d'Arles nous apprennent qu'il était en relation avec ce savant. En 1650, il était à Avignon (Bibl. d'Aix mss. 664) et il répondait à une épigramme de Rebatu. En 1651 et 1652, il était encore dans cette ville, puis nous perdons ses traces. La Bibliothèque des Ecrivains de la Compagnie de Jésus par le P. *Sommervogel* ne le mentionne pas.

Note 10

Henri d'Oppède fut très regretté surtout de ceux qui le connaissaient le plus intimement et de ses familiers. Mme de Grignan, malgré son égoïsme et sa sécheresse de cœur, lui donna des regrets, Mme de Sévigné également, et M. de l'Estang Parades, si injuste à son égard, déclare qu'il fut « beaucoup regretté de son domestique et fort peu du reste de la province. » La rancune égare le gentilhomme arlésien! La Provence était alors très divisée, et il est si rare de rendre justice à un adversaire, que les critiques dont Henri d'Oppède fut l'objet, ne nous surprennent nullement! Faut-il rappeler que le grand Colbert fut transporté de nuit à son caveau, dans l'église Saint-Eustache, pour éviter une manifestation hostile du peuple de Paris!

Note 11

La portée véritable de l'allusion de l'orateur nous échappe, mais voici le dernier arrêt que nous avons trouvé aux Archives du palais, signé par le premier président : « Sur la requeste présentée à la cour par M. *Jean Aude*, huissier de ladite cour, tendant à fin, pour les causes y contenues, le bon plaisir de la cour soit ordonner que les lettres patentes qu'il a présentées de Sa Majesté soient registrées ès registres de la cour, pour jouir des fins contenues en icelles, suivant leur forme et teneur. Vues lesd. lettres données à Paris, le 4 juin 1671, la requeste dont est question avec le decret de soit montré au procureur du roy, suivant la sentence du 5 octobre, et la recharge dujourd'hui, tout considéré il sera dit que la cour a ordonné et ordonne que lesd. lettres de provision seront registrées ès registres de la cour pour jouir parled. Aude des fruits et contenus d'icelles, suivant leur forme et teneur.

« Maynier, de Gaillard,
de Gaillard 5 octobre 1671. »

Il est à noter qu'aux registres des Arrêts du Parlement il signe presque toujours *Maynier*, tandis que dans sa correspondance, il signe *Oppède*. Nous avons même vu au cabinet des Titres, à la Bibliothèque Nationale, Pièces originales 1904, dossier 43.868, sa signature ainsi libellée : Maynier Oppède.

Voici la dernière délibération où soit signalée la présence de Henri d'Oppède, qui partit le lendemain pour Lambesc, d'où il ne revint plus : « Du 5 octobre 1671, Mrs assemblés, M. de Rabasse, procureur général du roy a dit qu'il a reçu lettre de cachet de Sa Majesté, pour poursuivre l'enregistration de quatre déclarations qu'il remet sur le bureau, la première touchant la pention des ecclésiastiques, la seconde portant que les religieux reformés ne pourront entrer aux couvents qui ne sont pas refformés sans la permission du Roy, la troisième touchant les voyages des pellerins et la quatrième règle les chirurgiens qui doivent faire les rapports. Lecture faite d'icelles, a été pourvu par arrêt étant au greffe. Après quoy M. le premier président a dit qu'il fût présenté le dernier jour du partement passé deux Edits sur lesquels il ne fut rien délibéré, ayant reçu lettre de M. de Colbert, il est nécessaire d'y délibérer. A esté arresté que les susdits édits, l'un du controlle des exploits, et l'autre des amendes, seront examinés par des commissaires, et à cet effet ont été commis MM. de Segnier, de Saint-Marc, d'Agut, de Suffren, de Ricard et de Gauffridy. M. de Segnier ayant fait rapport de la requête présentée par les juges des foires de Lyon pour avoir l'enregistration des lettres patentes du pouvoir à eux attribué, a été arrêté qu'il sera aussi examiné par lesd. srs commissaires. » Mss. 935.

A propos de l'inscription satirique citée plus haut, p. 118, rappelons que Louis XIV, après son entrée à Marseille, en 1660, donna l'ordre d'élever le fort Saint-Nicolas, pour tenir en respect les habitants, et qu'il fit frapper une médaille avec cette exergue : *Massilia arce munita, 1660*. L'auteur anonyme, que nous croyons marseillais, y fait allusion, et aussi au titre de marquis que Henri d'Oppède ajoutait, dans quelques circonstances, à celui de baron. V. en particulier, Bibl. Nat., cabinet des Titres, pièces originales 1904, dossier 43,868, le reçu ainsi libellé : « Présent le notaire royal à Aix soubsigné, haut et puissant seigneur Messire Henri de Maynier de Forbin, *marquis de la Fare*, baron d'Oppède, seigneur de Peyrolles et autres lieux, comte pallatin, chevallier, con^er du Roy en tous ses conseils, premier président en la souveraine cour du Parlement de ce pais, confesse avoir reçu comptant de... la somme de huict cens livres laissée en fonds dans l'estat du roy des charges à prendre sur les amandes et condamnations rendues au proffit de Sa Majesté par les cours qui jugent en dernier ressort de Provence, pour la présente année, pour la pension accordée à mond. seigneur premier président, par lettres pattantes du 29 oct. 1647 et pour lad. présente année, desquelles huict cens livres led. seigneur premier président quitte led... et tous autres, A Aix, le seisiesme juillet 1671. *Maynier Oppede. — Minuty.*» Seule pièce de lui dans ce dossier.

Henri d'Oppède prenait ordinairement les titres de baron d'Oppède, seigneur de La Fare, Peyrolles et autres places, chevalier, conseiller du roi en tous ses conseils, premier président en la cour de Parlement. Voir aux Archives de la Chambre de Commerce de Marseille C. C. art. 2, une ordonnance du 14 juin 1669 relative à l'entrée des soies d'Italie à Marseille, où il prend ces titres.

Note 12

Henri d'Oppède avait des dettes, mais ses biens-fonds étaient intacts et la situation financière de la famille, un moment compromise, fut promptement rétablie. Il n'est pas surprenant que d'Oppède ait laissé des dettes : il dépensait très largement, et toutes les fois qu'il fut commissaire du roi aux Etats, ce fut pour lui une lourde charge. Nous avons dit qu'on lui reprochait de faire de la magnificence de sa table un moyen de séduction, pour les députés. Lui-même, dans ses lettres à Colbert, avoue que la tenue des Etats l'entraînait à des frais considérables. La province lui vota bien de temps en temps des subsides, mais ils étaient loin de suffire. En outre, d'Oppède avait fait de grosses dépenses lorsqu'il poursuivait sa nomination de premier président : il paya sa charge fort cher et les troubles du Sabre n'avaient pas été sans amener pour lui de fortes pertes d'argent. Voir son Livre de raison. Marin paya à la veuve de son prédécesseur 122,000 livres. « Aujourd'hui 28 janv. 1674, le Roy estant à S. Germain en Laye, bien informé que le sieur Marin de la Chateigneraye, premier président en sa cour du Parlement de Provence a remboursé la somme de six vingt deux mille livres à la veuve et hèritière de feu s. d'Oppède son en lad., suivant le Brevet de retenue du 23 oct. 1655, par lequel S. M lui assuroit cette somme sur sa charge lorsqu'elle viendroit à sortir de sa famille par le déceds ou résignation dud. s. d'Oppède, » accorde le même avantage à Marin. Archives des Affaires étrangères, Fonds de France, vol. 1728, f. 249.

Note 13

Ces dernières recommandations du premier président sont fort touchantes et conformes à l'esprit chrétien, qui régnait alors dans les familles.

Henri d'Oppède aurait pu se citer en exemple, car il fut un fils très respectueux. Après avoir raconté la mort de sa mère et avant de dresser le rôle de ses biens, ainsi que des dettes dont la mort de sa mère le chargeait, il trace ces lignes, dans son Livre de raison : « Parce que tout homme de bien est obligé de conserver son bien tant qu'il peut à ses enfants et qu'il est nécessaire de leur laisser cest exemple affin de les exciter à en faire de mesmes et à avoir d'autant plus de vénération pour la mémoire de leurs péres; j'ay trouvé à propos d'insérer icy le roolle des biens et ensuitte des debtes avec lesquels ma mère m'a laissé, affin que par ma conduitte mes enfans puissent juger que si je ne leur ay pas amassé grand bien, qu'a tout le moings je ne le leur ay pas dissipé, et que j'ay tasché de le leur conserver. Ce n'est pas que par la je veuille conclure que les enfants ne doibvent point avoir de sentiment pour les péres qui ont ce malheur de ne leur pouvoir conserver leur bien, ains au contraire prie les miens que si par hasard (ce que Dieu ne veuille) j'estois asses malheureux pour ne le leur pouvoir conserver ou augmenter, qu'ils croyent que ce n'a pas été manque de bonne volonté, et qu'ils usent de la mesmes fasson que j'ay été envers ma mère, la mémoire de qui je révère et voudrois la pouvoir rachepter de tout mon bien. Tout le monde scait que feu Mr Vincens Anne de Maynier baron d'Oppède et premier président au parlement de Provence mon père, me laissa en fort bas aage, que ma mère a administré tout mon bien, et que mesmes quoyque marié, quoyque très cognoissant que son immense piété l'obligeoit a estre trop libéralle, j'ay néantmoins eu ce respect pour elle, que de luy laisser tout administrer jusques à sa mort; et j'espére que ce qu'elle a dissipé de mon bien Dieu me le rendra avec usure en ce monde ou en l'autre. » Aymare de Castellane avait, en effet, beaucoup dépensé en bonnes œuvres, mais la famille d'Oppède qu'elle honora par tant de vertus n'en tint pas moins avantageusement son rang.

V. sur l'esprit chrétien dans les familles parlementaires, *Les Familles et la société en France avant la Révolution*, d'après les documents originaux, par Charles de Ribbe, Paris, Albanel, 1873, in-12. Il y cite plusieurs membres des familles Mainier et Forbin.

INDEX BIBLIOGRAPHIQUE

Il nous est impossible de citer ici tous les ouvrages à consulter sur les Forbin, ni même ceux que nous avons utilisés au passage. Pour les ouvrages imprimés, nous nous contenterons donc des notes mises par nous au bas de toutes nos citations soigneusement contrôlées. Pour les manuscrits, il nous semble bon de donner la liste de ceux de la bibliothèque d'Aix qui nous ont le plus servi.

1° Mss. 801. Relation du semestre et du sabre, ou relation des troubles et de la guerre arrivée en Provence, à l'occasion de l'établissement du semestre et du mouvement vulgairement appelé le sabre, aux années 1648, 1649, 1650 et suiv. — 1 vol. in fol.

2° Histoire du Parlement de Provence, par *Guidi*. Cette histoire va de 1501 à 1671 et se termine à la mort du premier président d'*Oppède*. *Dominique Guidi*, trésorier général de France en Provence, puis simultanément (à partir de 1670) conseiller au Parlement, travailla souvent aux affaires de Provence avec Henri d'Oppède dont il était l'ami. Il mourut, en 1680, à Paris.

La Bibliothèque d'Aix possède plusieurs copies de cette histoire : mss. 904, grand in-fol. 149 p. ; recueil mss. 905, in-fol., les 177 premières pages ; mss. 935, in-fol., extrait fait par M. de Saint-Vincens, le père, suivi d'un abrégé des délibérations de 1523 à 1691 ; mss. 945-946, 2 vol. in-fol., provenant du legs *Baumier*.

3° *Délibérations du Parlement*, de 1571 à la suppression, 15 vol. in-fol. Mss. 947-961. Ce sont des copies : les registres originaux existent mais ne sont pas à la disposition du public.

4° Histoire du Parlement de Provence, depuis son institution jusques à la mort de Louis XIII avec une liste historique de tous les magistrats qui sont entrés dans cette compagnie jusques à aujourd'huy et une table de tous les officiers qui se sont succédés dans le même office, le tout recueilli des registres du Parlement, par Monsieur d'*Esmivy de Moissac*, conseiller au même parlement. A Aix, MDCCXXVI. « Mon père ou moi avons continué la table et la notice de tous les magistrats du Parlement jusqu'à la suppression de cette compagnie par la Révolution. Fauris Saint-Vincens. »

Mss. 902, gros vol. in-fol. de 869 p. plus une table détaillée en 86 pages. C'est un des meilleurs ouvrages sur le Parlement.

Jean-Louis-Hyacinthe d'Hesmivy de Moissac, mourut le 29 septembre 1740, âgé de 56 ans, à Moissac, près d'Aups (Var).

5° Notice du Parlement de Provence et des officiers qui y ont été reçus depuis son institution jusqu'à présent, par le P. *Bicais*, de l'Oratoire. Un vol. petit in-4° de 500 p., composé en 1788. Mss. 634. (Médiocre).

6° Notes et recherches sur la ville d'Aix, sur les faits qui la concernent, sur ses monumens, ses curiosités, ses habitans les plus célèbres et les ouvrages que ceux-ci ont produit, avec cette épigraphe: *Patriæ parenti sanctissimæ Alex. Jul. Ant. de Fauris Saint-Vincens, Jul. Francisci Paul. F. V. S. L. M. incohat auspice Patre V. D.* ann. MDCCLXXIX. Mss. 1012-1014, Bibliothèque d'Aix, 3 vol. in-fol. à paginaison continue, en tout *1280 p.*, suivi du recueil des inscriptions du P. *Honoré Moulin*, cordelier.

7° Topographie de la ville d'Aix. Ouvrage de *Pierre-Joseph d'Haitze* en 1715. (J'y ai ajouté des notes sur l'état actuel de la ville en 1788). Note de *Saint-Vincens*. Pièce 2, du Recueil. Mss. 1015. 140 p. in-fol.

La pièce 4 du même recueil est une Histoire des Archevêques d'Aix, de 1505 à la Révolution, (par *Saint-Vincens*).

8° Mémoire sur les monumens, tableaux, statues les plus remarquables de la ville d'Aix, fait au mois de janvier 1791 (par M. de *Saint-Vincens*). Mss. 1036 in-fol. de 159 p.

TABLE DES MATIÈRES

Achevé d'imprimer à Marseille,
à l'Imprimerie Marseillaise, 39, rue Sainte, le 15 avril 1889

DU MÊME AUTEUR

J.-A. de Thou, son histoire universelle et ses démêlés avec Rome, 1 vol. in-8°. Paris 1881, Société générale de librairie catholique.

Renaissance et Religion, leçon d'ouverture du cours de morale à la Faculté de Théologie d'Aix, 1882, br. in-8°. Veuve Remondet-Aubin, Aix-en-Provence.

Hugues de Noyers et Pierre de Courtenay, d'après un manuscrit de la Bibliothèque Nationale, 1883, br. in-8°. A. Makaire, Aix-en-Provence. (*Epuisé*).

La Réforme de l'Université de Paris, d'après deux manuscrits de la Bibliothèque Méjanes, 1885, br. in-8°. A. Makaire, Aix-en-Provence.

L'Académie d'Arles au XVIIme siècle, d'après les documents originaux, 3 vol. in-8°. Librairie de la Société Bibliographique de Paris. 1886-1889.

De la Préparation à la mort, par le cardinal Bona, traduction française, 1 vol. in-12. Avignon, Séguin, 13, rue Bouquerie ; Paris, librairie Dupuy, 25, rue Saint-Sulpice, 1886.

[illegible]

www.ingramcontent.com/pod-product-compliance
Ingram Content Group UK Ltd.
Pitfield, Milton Keynes, MK11 3LW, UK
UKHW021139260726
13994UKWH00001B/220

9 782329 235950